循环经济发展脉络

李金惠　曾现来　刘丽丽　许开华　单桂娟　编著

中国环境出版社·北京

图书在版编目（CIP）数据

循环经济发展脉络/李金惠等编著. —北京：中国环境出版社，2017.6

ISBN 978-7-5111-3179-9

Ⅰ. ①循…　Ⅱ. ①李…　Ⅲ. ①中国经济—循环经济—经济发展—研究　Ⅳ. ①F224.5

中国版本图书馆 CIP 数据核字（2017）第 109097 号

出 版 人　王新程
责任编辑　侯华华
责任校对　尹　芳
封面设计　宋　瑞

更多信息，请关注
中国环境出版社
第一分社

出版发行　中国环境出版社
（100062　北京市东城区广渠门内大街 16 号）
网　　址：http://www.cesp.com.cn
电子邮箱：bjgl@cesp.com.cn
联系电话：010-67112765（编辑管理部）
010-67112735（第一分社）
发行热线：010-67125803，010-67113405（传真）

印　　刷　北京市联华印刷厂
经　　销　各地新华书店
版　　次　2017 年 6 月第 1 版
印　　次　2017 年 6 月第 1 次印刷
开　　本　787×960　1/16
印　　张　12.5
字　　数　208 千字
定　　价　45.00 元

序　言

落实发展新理念　引领循环经济新发展

"十三五"时期，是全面建成小康社会的决胜阶段，也是推动绿色化、促进经济提质增效、转型升级的关键时期。面对当前经济社会发展的新趋势、新机遇、新矛盾和新挑战，党的十八届五中全会提出"创新、协调、绿色、开放、共享"五大发展理念，体现了我们党对经济社会发展规律的新认识，是实现更高质量、更有效率、更加公平、更可持续发展的必由之路，是解决当前我国发展面临的问题和挑战的战略总指引。

做好循环经济工作，要贯彻落实五大发展理念，推动企业绿色循环低碳式生产、产业循环式链接、园区循环化改造以及区域的资源循环，推进资源循环利用产业提质增效。

一、坚持循环发展，补齐资源环境短板

改革开放以来，我国经济高速发展，在很大程度上是以自然资源要素的高投入和牺牲生态环境为代价，生态环境的破坏，很大一部分也是来自对资源的过度开发、粗放利用。资源环境问题已成为我国经济社会发展的短板。发展循环经济，必须转变传统的资源利用方式，遵循减量化、再利

用、资源化原则，从源头和生产过程解决我国可持续发展面临的资源环境约束，实现经济社会环境协调发展。

(1) 树立新资源观，构建新的资源战略保障体系。2015年，我国经济总量占全世界比重为13%左右，但能源消费占全球消费总量的近五分之一，水泥、钢铁、氧化铝、精炼铜的消费分别占全世界消费总量的一半左右；同时，我国废弃资源利用总量达19亿t，其中有色金属、纸浆等产品1/5～1/3的原料来自再生资源，成为我国可持续发展和资源安全保障的重要支撑。“十三五”期间，我国进入经济新常态，年均6.5%左右的中高速增长仍然会带来资源消耗和污染物产生量的刚性增长，资源环境瓶颈约束的矛盾短期内不会发生根本改变。因此，大力发展循环经济，要在废旧资源上做文章，构建覆盖全社会的资源循环利用体系，建立“资源—产品—废弃物—再生资源”的资源利用方式，这既是现实的需要，也是战略的选择。

(2) 发展循环经济，环境保护要实行全过程防控。贯彻落实“减量化、再利用、资源化”原则，使环境保护由末端治理向源头防控、过程管理、末端循环的治理思路转变，既可以有效提高资源利用效率，从源头减少资源消耗量和污染物产生量，又可以将废弃物变为资源，减少废弃物最终处置量，减轻末端治理压力。根据有关机构研究测算，每回收利用1t废旧物资，平均可以节约自然资源4.12t，折算节约能源1.4t标准煤，相当于减排二氧化碳3.18t，减少6～10t垃圾处理量。再制造产品与常规生产的产品相比较，节约成本50%、能耗60%、原材料70%，减少污染排放80%。如果核算碳足迹，折算出减碳量，将其作为碳市场的交易产品之一，不仅可以节约资源、保护环境、应对气候变化，还会产生巨大的经济效益。

二、坚持循环发展，实现低碳环保协同效应

我国目前仍处在工业化进程中，“十二五”期间，我国单位 GDP 能耗下降 18.2%，单位 GDP 二氧化碳排放量下降 20%，累计实现节能 8.6 亿 t 标准煤，相当于减排二氧化碳 19.3 亿 t；单位工业增加值用水量降低 35%，资源产出率比 2010 年提高 16.4%（以 2010 年不变价计，2005 年、2010 年和 2015 年的资源产出率分别为 5 040 元/t、5 086 元/t 和 5 922 元/t），初步扭转了经济发展带来的能源资源消耗强度上升的趋势。以我国钢铁行业为例，通过推行循环经济模式，吨钢耗新水由 20 多 t 减少到 4 t 左右，吨钢综合能耗由 1 500 多 kg 标煤下降到 650 kg 标煤左右。部分钢铁企业利用副产煤气、余热、余压等进行发电的电量占到整个企业用电量的 60%左右。要通过大力发展循环经济，有效促进经济社会绿色转型。

我国城镇化已进入加速发展时期，建设集约、高效、智能、绿色、低碳的城镇是新型城镇化的必然选择。在城镇改造和新区建设中践行循环经济的理念和标准，节约集约利用土地，发展绿色建筑和绿色交通，推进污水、生活垃圾处理和循环利用，统筹考虑城镇与农村的生产与生活大系统的循环利用，构建布局合理、资源节约、环保安全的循环经济体系，努力实现资源节约型、环境友好型社会的长远目标。

农业现代循环经济大有可为，要建设和推广一批具有示范引领作用的农业、林业和工农复合型的循环经济示范区，基本构建循环型农业产业体系，明显提高农林废弃物处理资源化程度，改善农村人居环境和生态环境。加快推进秸秆综合利用产业化，加大秸秆禁烧力度，进一步落实地方政府职责，不断提高禁烧监管水平，促进农民增收、环境改善和农业可持续发展。

三、坚持创新发展，激发循环经济新动能

发展循环经济，要在体制机制、商业模式、关键技术等方面进行大胆创新，大力推进循环经济的法制化、制度化、机制化和产业化进程。

(1) 机制创新，形成引领循环发展的新动力。要建立健全以资源产出率、循环利用率为核心的循环经济评价体系和考核制度，形成发展循环经济的激励和约束机制。

(2) 模式创新，提高循环经济发展的产业化水平。要创新商业模式，建立完善再生资源回收体系，提高再生资源回收的规范化、组织化水平。

(3) 技术创新，突破产业共生、资源循环的技术瓶颈。技术创新是资源可循环、产业能链接的关键。要把循环经济重大关键技术纳入各级政府和企业科技发展计划，鼓励建设循环经济国家工程研究中心，通过大量的技术创新增强资源循环利用的技术经济可行性，降低减量化和再生利用成本，取得良好的资源效益、环境效益和经济效益。

四、坚持开放合作，推动国际新共识

生态文明、气候变化、循环经济都是当前多双边开放合作的热点领域，也是国际治理新体系、新格局的重要组成部分。我国已将循环发展作为加强生态文明建设，实现两个百年目标和中华民族永续发展的重大发展战略之一。2015 年，麦肯锡公司报告提出，欧洲将进一步从生产材料和生产方式中提高循环化水平，将整合新技术和新的商业模式，进一步发展循环经济。欧盟在 2010 年出台的《资源效率型欧洲旗舰计划》的基础上，在 2015 年 12 月通过了新的循环经济一揽子计划，推进欧洲的循环经济，促进可持续社会转型。在 2016 年的 G7 环境部长峰会上，循环经济已成为核心议题

之一。很多发展中国家也着力发展循环经济，转变传统的发展方式和生活方式。新时期的循环经济工作，应坚持开放合作，增强该领域多双边合作的议题设置和议程推动能力，巩固已有的双边循环经济国际交流和合作，进一步拓展与联合国组织、OECD 以及南南等多双边合作；要结合“一带一路”战略，加强循环经济理论、模式、关键技术和装备的国际交流和进出口贸易；配合基础设施建设绿色化、产能合作，支持国内资源循环利用企业到海外投资合作，增强境外资源就地转化加工能力，强化合作项目的社会责任。

五、坚持绿色消费，发展共享经济

创新消费理念，大力发展共享经济，把共享经济作为优化供给结构、引导绿色消费的新领域，延长产品生命周期，提高资源利用效率。支持闲置房屋、闲置车辆、闲置物品的分享使用，发展共享办公、共享存储、共享信息，提高闲置资产的利用效率。创新商业模式，大力发展设备租赁产业，推动服务外包式服务，培育专业的循环型生产服务企业，改变传统产品提供模式，提高产品维护专业化水平。鼓励专业分享平台建设，完善信息安全保障措施和信用评价机制，逐步实现分享商品、信息、服务的在线交易。提高资源循环产业发展水平，扩大行业就业容量，提升行业就业质量。

发展循环经济是建设生态文明、促进经济绿色转型的重要途径。清华大学多年来一直从事循环经济理论和实践研究，取得了许多丰硕的成果，并于 2016 年荣获全国首个循环经济领域的国家科技进步奖，为我国环保资源化产业健康发展做出了重要贡献。

我非常高兴受邀为本书作序，祝贺清华大学环境学院循环经济与城市矿产团队的成立，祝贺中国环境科学学会循环经济分会的成立，也期待本书的出版将为我国循环经济的持续发展注入新动力。

中国气候变化事务特别代表

全国政协人资环委副主任

解振華

2017 年 4 月 26 日

前言

目前人类已普遍认为，循环经济是在人、自然资源和科学技术的大系统内，在资源投入、企业生产、产品消费及其废弃的全过程中，把传统的依赖资源消耗的线性增长的经济，转变为依靠生态型资源循环来发展的经济。发展循环经济实现经济增长模式的转变和推动城市矿产开发是我国资源节约和环境保护领域重大战略需求。在《中华人民共和国国民经济和社会发展第十三个五年规划》中将“绿色循环低碳发展”作为生态文明理念的基本内涵和实现生态文明的主要途径。

但上述认识却走过了一个并不平坦的过程，本书将系统梳理循环经济发展历程中的里程碑事件，勾勒出循环经济发展的脉络。主要包括以下内容：第一章分析循环经济的思想起源和理论脉络；第二章明确了循环经济的定义、原则和实施模型；第三章总结了循环经济在企业和消费者等微观层面的实践，包括清洁生产、绿色消费、绿色采购、再制造、绿色税收等；第四章阐述了循环经济在生态工业园区等中观层面的实践历程；第五章归纳了德国、日本、中国等国家在省市、区域、国家等宏观层面对循环经济的立法和实践；第六章综述了对循环经济的定量研究和评价指标研究；第七章介绍了循环经济学术发展的里程碑事件、学术著作和获奖情况。

2016年被认为是循环经济年，我们开始组织专门人员负责该项工作。清华大学环境学院和巴塞尔公约亚太区域中心多位老师实施了编写工作，单桂娟、刘丽丽完成收集材料和初稿的编写，李金惠、曾现来对全书进行了完善和修订。循环经济涉及领域众多，涉及环境科学与工程、生态学、经济学、法学等各个学科，由于编者知识和精力有限，书中难免有不足或遗漏之处，恳请广大读者予以批评指正。

李金惠

2017年3月22日

目　录

第一章　循环经济的起源

第一节　循环经济思想萌芽

1．鲍尔丁发表《地球像一艘宇宙飞船》

美国学者肯尼斯·鲍尔丁（Kenneth Ewert Boulding）被认为是循环经济（circular economy）理念的最早倡导者[①]。1965 年 5 月，鲍尔丁在《地球像一艘宇宙飞船》（*Earth as A Spaceship*）一文中提出：人类不应将地球当作垃圾场，人类也是生态系统中的一员，并用了“循环其废物”（recycle its waste）及“循环流”（circular flow）等词语，人的生存能力依赖于具有闭路循环特征的世界生态系统上所有元素和人的共生关系。但没有用到“循环经济”一词，却用了“中央计划经济”（centrally planned economy）。文中把地球比作太空航行的宇宙飞船，因为自身资源的有限性，所以要合理地开发自然资源，如果任意开采，超过其最大承受力，地球将最终走向毁灭[②]。

然后，鲍尔丁 1966 年发表《未来宇宙飞船地球经济学》（*The Economics of the Coming Spaceship Earth*）一文。其中提出，“未来宇宙飞船地球经济”类似于“宇航员”经济。地球是一艘孤独的宇宙飞船，不是无限资源的贮备库，既不能过分开采也不能被污染。人类必须找到自己在循环生态系统中的定位，进行资源的多

① 曹彩虹：《现代循环经济研究理论述评》，载《管理世界》，2014（12）：176-177 页。

② Boulding，Kenneth E.：EARTH AS A SPACE SHIP，Washington State University，1965。

次利用[①]。

2．美国环境经济学家合著《经济学与环境：物质平衡方法》

1970 年，美国环境经济学家艾伦·尼斯（Allen V. Kneese）、罗伯特·艾尔斯（Robert U. Ayres）和拉尔夫·达尔格（Ralph C. Darge）合著的《经济学与环境：物质平衡方法》（*Economics and the Environment：A Materials Balance Approach*）一书出版，利用物质守恒理论、数学模型和实例从概念和定量的角度完整地提出了循环经济模式。2015 年，该书又进行了再版[②]。

该书共包括 4 章，分别为展望，生产消费产生的材料废物，废物、平衡与福利经济，结论、政策与研究等，全书共 134 页。

该书介绍了将经济作为整体材料平衡的概念，指出了对经济和公共政策的大量寓意。应用此概念，可分析国家经济主要部门产生的废物。本书也展示了大量的经验判断，以达到揭示和先知的目的。这是因为几乎所有都是与国家事务相关，超过了地方性的管理系统规划、设计、运行较为集中专项工作。即使如此，这些结果也产生了大量的帮助，尤其在生产消费过程怎样产生气态、液态和固体废物，以及为什么理解其中交互关系那么重要。同时，本书也介绍了相关污染物控制技术。大的经济部门涉及能源转换、加工和消费，材料的输入和输出也得到了系统的描绘。

3．霍华德·奥德姆出版《环境、权力与社会》

1971 年，霍华德·奥德姆（Howard T. Odum）出版了《环境、权力与社会》（*Environment，Power and Society*）一书，指出能量与资源在系统结构的重要性及其对经济系统演化的推动作用，并第一次完整地描述了以能量流动作为整合因素的系统集成图。他的工作激发了学者们抛弃过去孤立地研究人类社会经济的方法，而将其置于整个生态循环系统中，并与其他学科联系起来作为一个整体来考虑[③]。

---

① Boulding，Kenneth E.：The Economics of the Coming Spaceship Earth，Resources for the Future/Johns Hopkins University Press，1966。

② Kneese，Allen V.，Ayres，Robert U.，and D'Arge，Ralph C.：Economics and the Environment：A Materials Balance Approach，Baltimore，Johns Hopkins Press，1970。

③ Odum，H.T.：Environment，Power and Society. New York，Wiley-Interscience New York，1971。

2007 年 6 月和 2013 年，该书又进行了两次再版。

全书共 432 页，分为 14 章，分别为我们的世界，系统网络与代谢，能源定律与电力最大化，能源层级和自然价值，能源和我们的星球，能源和生态系统，社会的能源基础，结构信息及演化，能源与经济学，社会的能源组织，信仰的能源基础，自然伙伴关系，发展与衰退，能源系统模块的方案[①]。

该书是关于自然和人类，自然包括动物、植物、微生物、地球过程和人类活动及其相互作用。这些部分以不可见的路径参与在一起，化学物质循环往复。这些路径的复杂网络组成了一个可运行的系统。人类与自然的研究是对能源、材料、金钱和信息的系统研究。这个想法有助于利用系统论去理解和描绘环境与社会，并使其成为可能。

4. 罗马俱乐部发布《增长的极限》

1972 年，意大利的罗马俱乐部发布了《增长的极限》（*Limits to Growth*）研究报告，作者是美国的德内拉 • 梅多斯（Donella Meadows）、乔根 • 兰德斯（Jorgen Randers）、丹尼斯 • 梅多斯（Dennis Meadows）。其中第三章标题为“全球系统的增长”，陈述了资源环境问题。第一次提出了地球的极限和人类社会发展的极限的观点，对人类社会不断追求增长的发展模式提出了质疑和告诫[②]。

该报告提出涉及世界人口、工业化、污染、食品生产和资源衰竭等 5 个变量的模式，这些变量均呈指数增长，而提高资源潜力的技术能力却是线性的。作者想开发可持续反馈模式的可行性，该模式将可通过更改 5 个变量增长趋势根据不同情景而设定。不同模式各个变量的预测依赖于我们有限的星球资源。前两种模式预见在 21 世纪中期或后半部分地球将过载和倒塌，第三种模式将带来一个稳定的世界。

该报告的作者德内拉 • 梅多斯（Donella Meadows）：系统思考大师之一，也是“学习型组织之父”、《第五项修炼》作者彼得 • 圣吉的老师。著有畅销书《增

---

① Odum，Howard Thomas：Environment，power and society for the twenty-first century：the hierarchy of energy，Columbia University Press，2013。

② Donella H. Meadows，Dennis L. Meadows，Jorgen Randers William W. Behrens III：The Limits to Growth：A Report to The Club of Rome，Universe Books，1972。

长的极限》、系统思考入门读物《系统之美》。1996年创立了可持续性发展协会。2001年辞世，生前是达特茅斯学院副教授、系统分析师。乔根·兰德斯（Jorgen Randers）：挪威管理学院名誉院长。丹尼斯·梅多斯（Dennis Meadows）：新罕布什尔大学系统管理学教授、社会科学与政策研究所的所长。

5. 巴里·康芒纳出版《闭路循环》

1972年，巴里·康芒纳（Barry Commoner）在《闭路循环：自然、人类与技术》（*The Closing Circle：Nature，Man，and Technology*）一书中首次提出闭路循环思路，他指出要达到“从摇篮到摇篮”的目标，须发展以自然和人为两种新陈代谢或两种封闭循环为内容的循环经济，把人类对循环经济的认识引向深入。康芒纳强调运用生态学思想来指导经济和政治事务，摒弃现代社会的线性生产过程，而主张无废物的再生循环生产方式；强调追求适度消费而不是过度消费，要求人们“以俭朴的方式达到富裕的目的”，这种富裕不是纯粹物质生活的富裕，更重要的是精神生活的高度充实[①]。

6. 联合国第一次“人类与环境会议”发布《人类环境宣言》

1972年6月5日联合国在瑞典斯德哥尔摩召开了第一次“人类与环境会议”，开环境保护之先河，成立了由挪威首相布伦特兰夫人为首的“世界环境与发展委员会”，对世界面临的问题及应采取的战略进行研究。大会发表了《联合国人类环境宣言》（*Declaration of United Nations*），其中提出了37个共同观点和26项共同原则，郑重申明：人类在开发利用自然的同时，也要承担起维护自然的责任和义务[②]。

7. 世界环境与发展委员会发表《我们共同的未来》

1987年，以挪威首相布伦特兰夫人为首的“世界环境与发展委员会”发表了《我们共同的未来》（*Our Common Future*）一文，第一次提出了可持续发展的新理

---

① Barry Commoner：The Closing Circle：Nature，Man，and Technology，1st Edition，New York，Alfred A. Knopf，1971。

② 莫天宇：《循环经济条件下再生铜产业发展研究》，暨南大学，2011。

念。其中的《公共资源管理》部分系统探讨了人类面临的一系列重大的经济、社会和环境问题，把环保和人类发展结合起来，实现了环境与发展思想的重要飞跃。文章鲜明地提出了三大观点：（1）环境危机、能源危机和发展危机不能分割；（2）地球资源和能源远不能满足人类发展的需要；（3）必须为当代人和下代人的利益改变发展模式。这份报告第一次提出了可持续发展的新理念，明确指出可持续发展是“既满足当代人的各种需要，又不使后代人满足他们自身需要的能力受损”。不仅如此，过去人们只关心经济发展对生态环境带来的影响状况，《我们共同的未来》使人类更深切地感受到生态环境压力对经济发展的重要影响①。

8．英国环境经济学家大卫·皮尔斯和图奈首次使用“循环经济”一词

1990 年，英国环境经济学家大卫·皮尔斯（D. W. Pearce）和图奈（R. K. Turner）第一次使用循环经济（Circular Economy）一词。这两位作者在《自然资源和环境的经济学》（*Economics of Natural Resources and the Environment*）一书中第二章的标题是“循环经济”（The Circular Economy）。②他们试图依据可持续发展原则建立资源管理规则，并建立物质流动模型。废物既可以是循环的——有利于资源的供给，又可对自然降解带来潜在压力。对于后者，超过自然降解能力的废物排放量对其直接效用或资源的回收均产生负面影响。根据广义的包括降解能力在内的资源概念，皮尔斯等提出自然资源管理的两个规则：一是可再生资源的开采速率不大于其可再生速率；二是排放到环境中的废物流要小于或等于环境的同化能力。针对资源存量的特点，他们还提出：可耗竭资源减少应当由可再生资源的增加来补偿（可持续性）；达到一定的生活标准就要减少可耗竭资源或可再生资源存量（提高效率）③。

---

① 世界环境与发展委员会：《我们共同的未来》，王之佳译，长春，吉林人民出版社，1997。

② Pears D，Turner K.：Economics of Natural Resources and the Environment，New York，Harvester Wheatsheaf，1990。

③ ED. W. Pearce and R. K. Turner.：Economics of natural resources and the environment，London，Harvester Wheatsheaf，1990。

9．第一次全球环境与发展峰会《里约宣言》和《21 世纪议程》

1992 年在巴西里约热内卢召开第一次全球环境与发展峰会，通过了《里约环境与发展宣言》（*Rio Declaration*）（又名《地球宪章》）和《联合国可持续发展 21 世纪议程》两个纲领性文件，郑重宣告“促进可持续发展是我们的责任”，正式提出走可持续发展之道路[①]。而循环经济采取的是“低开采、低消耗、低排放、高效率、高利用”，把经济活动组成一个“资源投入—产品生产和消费—再生资源”的反馈式的高级物质循环型的发展模式，实现人与自然的和谐，它符合可持续发展的理念，是最终实现可持续发展的必由之路[②]。

第二节　循环经济相关的基础理论

1．冯・贝塔朗菲发表《一般系统理论概述》

一般系统理论促进了整体论、系统性思维、复杂性、组织性学习和人力资源开发等，这些都是循环经济产生的前提条件。早在 1950 年，基于牛顿学说的“组织简单性”观点，冯・贝塔朗菲（Von Bertalanffy）发表了《一般系统理论概述》（*General System Theory*），提出所有组织都应被视为主体特征与所含部件相关的系统[③]。组织与环境之间的关系可视为复杂性和独立性的主要来源。组织作为整体所具有的性质，不能从孤立的分析其所组成部件的性质得知。整体决定了其组成部分的性质，反之并不成立。

① 参见联合国可持续发展《21 世纪议程》，2017-03-15[2017-03-15]，http：//www.un.org/chinese/events/wssd/agenda21.htm。

② 王扬祖：《里约宣言》剖析，载《中国环境管理》，1992（4）：4-5 页。

③ Bertalanffy，L. Von：An outline of general system theory，British Journal of the Philosophy of Science，Vol 1，1950. pp.134-164。

2．赫尔曼·戴利发表稳态经济的思想

1968年美国著名生态经济学家赫尔曼·戴利（Herman E. Daly）认为人类的经济活动具有与身体新陈代谢的相似特征，即需要输入低熵的物质能量以支持生命系统，然后将这些物质能量转换成高熵的废物输出体系之外。这意味着人类经济发展的方式应从以市场、资源为基础的经济体系转向相互依存的生物物理循环经济体系。他的这些思想彻底改变了以往的世界观以及分析视角，对“稳态经济”作了进一步阐述，认为人类经济不可能永远增长，最终会达到某种可持续的稳定状态。达利的稳态经济的思想可以看作是促使循环经济产生的直接原因之一[①]。

3．伊利亚·普利高津提出自组织与耗散结构的概念

1969年，比利时科学家伊利亚·普利高津（Ilya Prigogine）在《热力学能够解释生物秩序吗？》中提出自组织与耗散结构理论（Dissipative Structure Theory）[②]。普利高津认为，开放系统更具有研究价值，因为无论是在科学研究中还是在实际生活中，绝对意义上的孤立系统和封闭系统都是不可能存在的。他指出:“社会和生物组织只有与周围环境的介质进行物理和能量的交换才能维持生命力。然而，只有一个开放系统并不意味着充分的条件保证出现这种结构。只有在系统保持‘远离平衡’和在系统的不同元素之间存在着非线性的作用机制的条件下，耗散结构才可能出现[③]。”伊利亚·普利高津对非平衡态热力学（不可逆过程热力学）做出了卓越的贡献，于1977年获得诺贝尔化学奖[④]。

4．尼古拉斯·罗根出版《熵的定律和经济过程》

1971年，尼古拉斯·罗根（Nicholas Georgescu Roegen）在他的著作《熵的定律和经济过程》（*The Entropy Law and the Economic Problem*）中阐述了经济进程

---

① 李佳阳：《赫尔曼·戴利稳态经济思想探析》，北京林业大学，2012。

② 刘菊，戴军，解月光：《自组织理论及其教育研究应用前景探析》，载《远程教育杂志》，2012，30（1）：37-45页。

③ 普利高津：《复杂性的进化和自然界的定律》，载《自然科学哲学问题》，1980（3）。

④ 转自维基百科：《普利高津》，2017-03-15[2017-03-15]，https：//en.wikipedia.org/wiki/Ilya_Prigogine。

中熵定律的广泛存在，指出所有的经济过程都需要能源，而且根据熵定律，在一个封闭系统中所能够获得的能量只能下降。传统经济发展方式下的新技术并不能创造新的资源，只能加快能源、资源秩序和生物丰富性等的衰减。这些思想向持有技术进步信念的传统经济学家们敲响了强有力的警钟①。

5．霍利提出生态和经济系统共同演化的思想

1978 年加拿大生物学家霍利（C. S. Holling）发表了《自适应环境评估与管理》（*Adaptive Environmental Assessment and Management*），认为生态系统总是处于压力、冲击和变化之中，并具有多个均衡状态，而且这些均衡状态会随着时间不断地演进②。这意味着任何基于这些变化的模型或政策都不会是终极答案，他们只是一个已知的或适应局部系统的一个阶段方案。因此，人类经济和相关管理机构必须不断改变经济发展方式及相应的管理方式以适应新的变化。自适应环境管理证明是理解和管理具有很大不确定性的复杂、变动系统的有效方法。这种生态和经济系统共同演化的思想也成为循环经济的核心概念。

第三节　工业生态学理论

1．《比利时生态系统：工业生态学研究》发表对工业系统存在问题的思考

1983 年，比利时的政治研究与信息中心出版了《比利时生态系统：工业生态学研究》专著，书中反映了生物学家、化学家、经济学家等 6 位学者对工业系统存在问题的思考。他们认为工业社会是一个由生产、流通与消费、它所用的原料与能源以及所生产废料等构成的生态系统，可运用生态学的理论与方法

① Georgescu-Roegen，Nicholas：The Entropy Law and the Economic Process，Cambridge，Massachusetts，Harvard University Press，1971。

② Crawford Stanley，Holling：Adaptive Environmental Assessment and Management，Chichester，John Wiley & Sons，1978。

来研究现代工业社会运行机制。这一专著被认为是工业生态学（Industrial Ecology）的萌芽①。

2．罗伯特·弗罗斯克和尼古拉·加劳布劳斯发表《可持续工业发展战略》

1989年9月美国通用公司的研究部副总裁（Robert Frosch）和负责发动机研究的尼古拉斯·加罗布劳斯（Nicolas Gallopoulos）在《科学美国人》（*Scientific American*）杂志上发表题为《可持续工业发展战略》（*Strategies for Manufacturing*）的文章，重新让工业生态学的概念引起了人们的关注。文章用自然生态体系中的物质和能量流做类比，指出实现可持续发展的途径是通过交换副产物和废物构成物质闭环。以这样的形式发展，可使人类经济发展方式实现从传统依赖资源消耗线性增长的经济转变为依靠生态型资源循环利用的经济②。

3．首届关于工业生态的研讨会

1990年，美国国家科学院与贝尔实验室共同组织了首次“工业生态学”研讨会，对工业生态学的概念、内容和方法及应用前景进行了全面系统的总结，基本形成了工业生态学的概念框架③。1991年5月，美国科学院在华盛顿组织召开了工业生态学研讨会。

4．生态经济效益概念的提出

1992年，世界工商企业可持续发展理事会（WBCSD）在向里约会议提交的报告《变革的历程》里提出了新概念——生态经济效益（Ecoefficiency）。生态经济效益理念的本质是要求组织企业生产层次上物料和能源的循环，从而达到污染排放的最小量化。

---

① 甘树福：《工业园区生态产业链设计研究》，广东工业大学，2006。

② Frosch，R.A. and Gallopoulos，N.E.：Strategies for Manufacturing，Scientific American，1989，261（3）：144-152。

③ 温威：《生态工业园工业共生网络形成机理研究》，暨南大学，2010。

5．首位完成工业生态学论文答辩的博士

1992 年，美国电信企业 AT&T 的官员布莱登·艾伦比（Braden R. Allenby），在罗格斯大学（Rutgers University）完成了博士论文答辩，成为首位工业生态学博士[①]。目前，布莱登·艾伦比是亚利桑那州立大学可持续领域的杰出科学家，曾出版 6 部工业生态学领域的专著：1994 年的《环境威胁与国家安全：科学与技术的国际挑战》（*Environmental Threats and National Security: An International Challenge to Science and Technology*），1996 年的《为环境设计》（*Design for Environment*），1997 年的《工业生态学和机动车》（*Industrial Ecology and the Automobile*），1998 年的《工业生态学：政策框架和实施》（*Industrial Ecology: Policy Framework and Implementation*），2005 年的《重构地球：人类世纪的技术和环境》（*Reconstructing Earth: Technology and Environment in the Age of Humans*），2011 年的《新兴技术和法律伦理监督之间日益增长的差距》（*The Growing Gap between Emerging Technologies and Legal-Ethical Oversight: The Pacing Problem*）。

6．全美首个生态工业学课程

1997 年，麻省理工学院（MIT）在全美首先开设了生态工业学的课程，成立了跨院系的“技术、商业与环境项目”，致力于生态工业学和可持续发展的研究，并通过组织相关领域的各种定期和不定期的会议来促进学术界、政府、公司间合作网络的建立，使来自不同领域的相关研究成果和观点得以交流[②]。

7．全球第一份《产业生态学杂志》

1997 年，耶鲁大学组织出版了全球第一份《产业生态学杂志》（*Journal of Industrial Ecology*），专门发表工业生态学的研究论文[③]。1998 年 9 月耶鲁大学成立了工业生态学研究中心，该中心支持下的“工业和环境管理项目”研究内容主

① http：//sites.ieee.org/ttm/previous/ttm-2014/ttm2014speakers/。

② 于现荣：《生态工业园区理论与实践》，浙江大学，2005。

③ 参见 The International Society for Industrial Ecology，2017-03-15[2017-03-15]，http：//www.is4ie.org/。

要包括工业生态学的基础理论、生态工业化城市、相关政策等[①]，近年来围绕金属回收和可持续利用评估开展了大量的工作。

8．耶鲁大学成立工业生态学研究中心

1998 年 9 月耶鲁大学成立了工业生态学研究中心（Center for Industrial Ecology），该中心支持下的“工业和环境管理项目”研究内容主要包括工业生态学的基础理论、生态工业化城市、相关政策等。工业生态学中心由国际组成员、学生和访问学者工作在一起，探讨工业生态学领域。[②]

9．苏伦·埃尔克曼出版《工业生态学》专著回顾生态工业的理论发展

1998 年，瑞士苏伦·埃尔克曼（Suren Erkman）在《工业生态学》（*Vers une écologie industrielle*）一书中回顾了 20 多年来工业生态学的理论发展，指出可持续工业必须实现从末端治理的被动环保主义向物质能量循环一体化的工业体系转变。同时，他也提出了仿生学在建立生态工业园时在生态工业体系中的应用，指出这种工业体系“完全可以像一个生物生态系统那样循环运行：植物汲取养分，合成枝叶，供食草动物食用，食草动物本身又为食肉动物所捕食，而他们的排泄物和尸体又成为其他生物的食物[③]。”2004 年该书又进行了再版。

10．工业生态学国际学会成立

2000 年，在世界范围内成立了国际工业生态学学会（International Society for Industrial Ecology，ISIE），由约翰·埃尔伯费尔德（John Erhenfeld）担任执行主任，标志着产业生态学正式步入有组织的系统研究阶段[④]。学会主席每两年选举一次，前三任主席分别是耶鲁大学的托马斯·格雷德尔（Thomas Graedel）、亚利桑

① 翁建成：《生态工业园区环境绩效管理方法》，浙江大学，2006。

② 参见 Center for Industrial Ecology，Yale University，2017-03-15[2017-03-15]，http：//cie.research.yale.edu/about-center。

③ 苏伦·埃尔克曼：《工业生态学》，经济日报出版社，1999。

④ 戴代红：《新兴工业化地区传统工业生态化改造研究——以浙江省宁海县为例》，同济大学，2006。

那州立大学的布拉德·艾伦比（Brad Allenby）和奥地利克拉根福大学的玛丽娜·费舍尔-科瓦尔斯基（Marina Fischer-Kowalski），现任主席是来自英国萨里大学的罗兰·克利夫特（Roland Clift）。

国际工业生态学学会是该领域的最高学术团体，培养青年学生和学者一直是学会的工作重点。其学生分会成立于2002年，是学会的重要组成部分。它汇聚了来自世界各地的近千名学生会员，为他们提供学习、交流、合作、就业的信息、平台和网络，为工业生态学学术群体不断注入新鲜血液和活力。

工业生态学国际大会是工业生态学学科最为重要的交流平台，自2001年起每两年召开一届。历届学会主席都强调工业生态学的重要性及其所面临的挑战，强调工业生态学是一种新的看待、理解和塑造人类组织方式和经济发展模式的视角，强调通往可持续发展的道路充满着许多挑战，我们必须采用新的思维和行动来生态化重塑产业结构、生产方式和消费模式。

11．工业共生的定义

2000年，耶鲁大学麦润·彻尔特（Marian Chertow）对于工业共生（industrial symbiosis）的定义，被国外学者广泛引用①。将工业共生定义为传统意义上独立的企业，通过物质、能量、水和副产品的交换，以合作的方式来共同提高企业的竞争力；工业共生的关键是地理上的靠近所提供的合作与协同的可能性②。

2005年，慕让特·米瑞塔（Murat Mirata）对工业共生做出了定义，认为工业共生网络为区域企业间，通过物质和能源传递，知识、人力资源和技术资源的交换形成的长期合作共生关系，从而实现环境效益和竞争效益等。从国外学者的定义可以看出，工业共生强调企业间的资源（物质、能量、水、副产品等）交换，没有资源交换就没有共生③。

① 杨玲丽：《生态工业园工业共生中的政府作用——欧洲与美国的经验》，载《生态经济》，2010（1）：125-128页。

② Chertow M. R.：Industrial symbiosis：Literature and taxonomy，Annual Review of Energy and Environment，2000，25（1）：313-337。

③ Mirata M，Emtairah T.：Industrial symbiosis networks and the contribution to environmental innovation：The case of the Landskrona industrial symbiosis programme，Journal of Cleaner Production，2005，13（10/11）：993-1002。

12．亚洲发展银行资助项目《亚洲发展中国家生态工业园手册》

2001 年 10 月，亚洲发展银行资助项目，由 Ernest 和 Lowe 编写的《亚洲发展中国家生态工业园手册》（*Eco-industrial Park Handbook for Asian Developing Countries*）问世，它为亚洲发展中国家的生态工业园建设起到了积极的指导作用[①]。

13．第一届工业园区发展大会

2001 年 4 月，在马尼拉举办了第一届工业园区发展大会。来自中国、印度、印度尼西亚、斯里兰卡、泰国、越南和中国台湾地区的 90 多个代表参加了会议。其中，生态工业园成为最重要的议题，许多代表介绍了工业园区应用工业生态学的案例[②]。亚太地区对于如何将工业生态学理论应用于生态工业园建设还没有达成一致。在生态工业园建设中，开发商、政府和各利益相关方的目标并不一致，引发一系列问题，例如，如何量化目标、制订何种“标准”，采用何种参数来界定生态工业园等。

14．布莱登·艾伦比提出理想的工业生态系统应包括四类基本组成

布莱登·艾伦比（Braden R. Allenby）提出理想的工业生态系统应包括四类基本组成：资源开采者，加工者（制造商），消费者和废物处理者。该理想模式仍然有有限的废物排出系统，而并不能完全像自然生态系统那样，只输入能量就能驱动，没有真正的“废弃物”产生[③]。

15．国家环境保护生态工业重点实验室成立

我国非常重视工业生态学的研究，由东北大学、中国环境科学研究院和清华大学组建，国家环境保护总局资助的国家环境保护生态工业重点实验室于 2002

① 史文斌：《生态工业园的产业链分析》，河北工业大学，2007。

② 郭政，昭峭：《工业生态学在亚洲发展中国家应用的现状和展望》，载《上海质量》，2009（10）：27-31 页。

③ Graedel T. E.and Allenby B. R.：Industrial ecology，Second Edition，Prentice Hall，Pearson Education Inc.，2003。

年11月成立。该实验室重点研究工业生态学和循环经济的基本理论和方法，构建生态化工业发展模式，开发生态化工艺与关键链接技术，建立生态工业的评价方法体系，以提高资源效率、能源效率和环境效率，为我国工业的可持续发展服务，为我国的环境管理服务①。主要的研究方向包括：生态工业与循环经济的基础理论；生态工业发展战略与规划；生态化工艺与链接技术；资源节约与物质循环；生态工业技术评估与系统集成。

16. 吉布斯归纳5种工业共生发展的障碍

2002年，Gibbs发表文章归纳了5种工业共生发展的障碍：（1）技术障碍（technical barriers），使得当地的企业很难建立起共生；（2）信息障碍（informational barriers），使得企业很难找到合适的废物再利用者以及潜在废弃原材料供应者；（3）经济障碍（economic barriers），废水作为一种资源很难找到可靠的市场；（4）管理障碍（regulatory barriers），企业管理人员的意识会影响企业之间共生关系的建立，不同企业的管理水平层次不同也会影响到企业之间共生关系的建立；（5）激励障碍（motivational barriers），企业缺乏共生的激励②。

17. 巴斯与布恩斯教授总结工业共生的稳定发展的重要阶段

2004年，巴斯（Baas）和布恩斯（Boons）发表文章总结了工业共生的稳定发展要经过三个重要的阶段③：区域效率（regional efficiency）→区域学习（regional learning）→稳定的产业区（sustainable industrial district）。

第一阶段：区域效率，指企业自愿为提高企业的经济效率而与当地企业之间的合作；第二阶段：区域学习，指形成非正式的信息网络，大量的企业加入到区域学习的过程中，企业之间基于信任而交换知识，探讨持续发展的模式等；第三

① 参见东北大学国家环境保护生态工业重点实验室网站，2017-03-15[2017-03-15]，http：//www.eil-neu.org/about_sys.asp。

② David Gibbs，Pauline Deutz and Amy Procter：Sustainability and the local economy：The role of eco-industrial parks，Paper Presented at Ecosites and Eco-Centres in Europe，19 June，2002. Brussels，Belgium。

③ Baas L. W. and Boons F. A.：An industrial ecology project in practice：Exploring the boundaries of decision-making levels in regional industrial systems，Journal of Cleaner Production，2004，12（8/10）：1073-1085。

阶段：稳定的产业区，在稳定发展的基础上，探讨共同进化的合作策略。

在工业共生稳定发展的三个阶段，第一个阶段政府一般较少介入，让企业之间自主形成基于信任的合作；第二和第三阶段，企业之间已经有了共生的意愿，这时候政府就要为其发展提供相关的公共政策和财政支持，支持共生网络的形成及稳定发展[①]。

18．彻尔特提出工业共生中企业聚集的“3-2 模式”

2007 年，耶鲁大学麦润·彻尔特（Marian Chertow）等提出了工业共生中企业聚集的“3-2 模式”：在工业交换圈内，至少有 3 个不同的实体企业交换 2 种不同的资源，才称得上是工业共生[②]。这种工业共生的条件指出工业共生是复杂的资源交换关系，不是简单的一对一的交换关系。

同时，Chertow 也分析了企业采用共生的方式进行生产的直接和间接的动机[③]：（1）最明显和最直接的动机是利益最大化动机，如废弃物的再次利用可以节约成本、提高利润；（2）工业共生可以通过合同关系和信任机制提高重要资源，例如，水、能量、原材料的长期供应和保障，也可以减少重复投资；（3）工业组织的压力，提倡资源的有效使用、减少废水、废气的排放。

2008 年，Chertow 等分析了工业共生中资源交换的 3 种机会[④]，包括：（1）副产品的再利用：一家企业的副产品可以作为另一家企业生产所需的原材料。（2）基础资源的分享：基础资源（能量、水、废水等）的共同管理或排放。（3）服务的联合提供：消防服务、运输和食品的联合供应等。

19．金明官首先提出循环化学三个定律

循环化学是研究自然界物质的循环规律，是解决废弃物资源化的应用科学。

---

① Schiller，F.，Penn，A.S.，Basson，L.：Analyzing networks in industrial ecology - a review of Social-Material Network Analyses，Journal of cleaner production，2014，76：1-11。

② Chertow M. R.："Uncovering" industrial symbiosis，Journal of Industrial Ecology，2007，11（1）：11-30。

③ Zhang，Yan，Zheng，H. M.，Chen，B.，Su，M. R.，Liu，G. Y.：A review of industrial symbiosis research：theory and methodology，FRONTIERS OF EARTH SCIENCE，2015，9（1）：91-104。

④ Chertow M. R.，Ashton W. and Espinosa J. C.：Industrial symbiosis in Puerto Rico：Environmentally related agglomeration economies，Regional Studies，2008，03 June。

循环化学是可持续发展的循环经济的科学基础。总结国内外科学文献，首先提出循环化学三个定律[①]：

循环化学第一定律——丰度恒定原理：在宇宙中运动的各种化学元素的丰度是一定的。循环化学第一定律指示循环化学的范围，是地球上存在的自然状态的92种化学元素。

循环化学第二定律——物质循环原理：生态系统中，各种元素和化合物是沿着循环轨迹运动的。循环化学第二定律指明循环化学变化的方向。

循环化学第三定律——废弃物零排放原理：设计化学运动时，尽可能做到废弃物排放量为零。循环化学第三定律启示保护生态平衡的必要性。自然界物资循环过程是废弃物排放量接近零的过程。若破坏自然界物资循环过程，即破坏生态平衡过程，将不可避免地产生大量废弃物，人类生活遭到有害影响。所以，人类保护生态平衡、保护自然界物资循环是必要的。

① 金明官：《循环化学进展》，载《化学世界》，2014（3）：187-192页。

第二章　循环经济的范畴

第一节　循环经济的定义

1. 同济大学诸大建定义循环经济

1998 年，同济大学诸大建提出循环经济是针对工业化运动以来高消耗、高排放的线形经济而言的。循环经济是一种善待地球的经济发展模式，它要求把经济活动组织成为“自然资源—产品和用品—再生资源”的闭环式流程，所有的原料和能源要能在不断进行的经济循环中得到合理的利用，从而把经济活动对自然环境的影响控制在尽可能小的程度[①]。

2. 曲格平从人与自然关系的角度定义循环经济

2001 年，曲格平在《光明日报》上发表的《循环经济与环境保护》一文中指出，循环经济是把清洁生产和废弃物的综合利用融为一体的经济，其本质是一种生态经济，要求运用生态学规律来指导人类社会的经济活动，按照自然生态系统物质循环和能量流动规律重构经济系统，使得经济系统和谐地纳入自然生态系统的物质循环过程中，建立起一种新形态的经济。

① 诸大建：《可持续发展呼唤循环经济》，载《科技导报》，1998（9）：39-42 页。

3．周宏春从环境保护的角度定义循环经济

2002 年，周宏春在《循环经济一个值得重视的发展趋势》一文中指出，“循环经济是指通过废弃物和废旧物资的循环再生利用来发展经济，目标是使生产和消费过程中投入的自然资源最少，向环境中排放的废弃物最少，对环境的危害或破坏最小，即实现低投入、高效率和低排放的经济发展[①]。”

4．解振华从技术范式的角度定义循环经济

2003 年，时任国家环保总局局长解振华在《光明日报》中发表《关于循环经济理论与政策的点思考》，文中指出，循环经济是一次范式革命，倡导的是一种与环境和谐的经济发展模式，遵循“减量化、再使用、再循环”原则，是一个“资源—产品—再生资源”的闭环反馈式循环过程，最终实现“最佳生产、最适消费、最少废弃”。

文章系统指出了发展循环经济具有客观必然性，循环经济是可持续的新经济发展模式，循环经济的前景是通过制度创新建立的一种新经济形态，经济全球化对发展循环经济具有重大影响，循环经济是中国新型工业化的高级形式，同时提出了发展循环经济的若干政策思考：必须彻底转变单纯追求 GDP 的政策目标，明确消费者、企业、各级政策的责任和义务，建立消费拉动、政府采购、政策激励的政策发展体系，完善国家环境信息公开发布制度，编制国土整治综合规划等。

5．陈德敏定义循环经济

2004 年，陈德敏在《循环经济的核心内涵是资源循环利用——兼论循环经济概念的科学运用》一文中定义循环经济的基本概念是“为保护环境，实现物质资源的永续利用及人类的可持续发展，按照生态循环体系的客观要求，通过清洁生产、市场机制、社会调控等方式，促进物质资源在生产与生活中循环利用的一种经济运行形态[②]。”文章认为资源循环利用是循环经济的核心内涵，强调资源在利

① 周宏春：《循环经济一个值得重视的发展趋势》，载《新经济导刊》，2002（14）：70-73 页。

② 陈德敏：《循环经济的核心内涵是资源循环利用——兼论循环经济概念的科学运用》，载《中国人口·资源与环境》，2004（2）：12-15。

用过程中的循环，其目的是既实现环境友好，又保护经济良性循环与发展。

6．马凯从资源综合利用的角度定义循环经济

2005 年，国家发改委主任马凯发表了题为《贯彻和落实科学发展观，大力推进循环经济发展》的发言，指出“循环经济是一种以资源的高效利用和循环利用为核心，以‘减量化、再利用、资源化’为原则，以低消耗、低排放、高效率为基本特征，符合可持续发展理念的经济增长模式，是对‘大量生产、大量消费、大量废弃’的传统增长模式的根本变革。”

7．冯之浚定义循环经济

2005 年，冯之浚在《论循环经济》一文中提出循环经济就是按照自然生态物质循环方式运行的经济模式，它要求用生态学规律来指导人类社会的经济活动[①]。循环经济以资源节约和循环利用为特征，促进人与自然和谐，从而推动整个社会走上生产发展、生活富裕、生态良好的文明和谐的发展道路。

8．中国学术界对循环经济的最早最全面的定义

2005 年解振华在《领导干部循环经济知识读本》中指出，循环经济是在深刻认识资源消耗与环境污染之间的关系的基础上，以提高资源与环境效率为目标，以资源节约和循环利用为手段，以市场机制经济为推动力，在满足社会发展需要和经济上可行的前提下，实现资源效率最大化、废弃物排放和环境污染最小化的一种经济发展模式。这是中国学术界对循环经济最早给出的最全面的定义。这一定义遵循了技术经济学效率最大化的基本原理，同时阐明了资源循环利用与资源和环境效率的协同关系。

9．《中华人民共和国循环经济促进法》对循环经济的定义

中华人民共和国第十一届全国人民代表大会常务委员会第四次会议于 2008 年 8 月 29 日通过的《中华人民共和国循环经济促进法》定义了循环经济，指出“循

① 冯之浚：《论循环经济》，载《福州大学学报》，2005（2）：5-13 页。

环经济，是指在生产、流通和消费等过程中进行的减量化、再利用、资源化活动的总称。”对于循环经济的减量化、再利用和资源化，也给出了如下定义：“减量化，是指在生产、流通和消费等过程中减少资源消耗和废物产生；再利用，是指将废物直接作为产品或者经修复、翻新、再制造后继续作为产品使用，或者将废物的全部或者部分作为其他产品的部件予以使用；资源化，是指将废物直接作为原料进行利用或者对废物进行再生利用。”

第二节　循环经济的原则

1．x“R”原则的提出

最早提出循环经济的运行原则是“3R”原则，即减量化（reduce）、再利用（reuse）和资源化（recycle），它是美国福特公司首先实施的[①]，于 20 世纪 70 年代由联合国环境规划署（UNEP）工业局局长 J. 拉德瑞尔（Jacqueline Aloisi de Larderel）总结并推广。

2002 年，陈锐和牛文元提出了“4R”原则，即减量化（Reduce）、资源化（Reuse）、无害化（Recycle）和重组化（Reorganize）[②]。其中“重组化”原则是指以生态经济系统最优化运行为目标，针对产业链的全过程，通过对产业结构的重组与转型，达到系统的整体最优。以环境友好的方式利用自然资源和提升环境容量，实现经济体系向提供高质量产品和功能性服务的生态化方向转型，力求生态经济系统在环境与经济综合效益最优化前提下可持续发展。

2004 年，季昆森发文提出了循环经济的“4R”原则，即减量化、再利用、再循环和再思考（Rethink）的原则[③]。其中减量化、再利用和再循环即“3R”原则，而再思考原则就是不断深入思考在经济运行中如何系统地避免和减少废弃物，最大限度地提高资源生产率，实现污染排放最小化，废弃物循环利用最大化。

---

① 张伟：《产业集群与循环经济的关系研究》，北京交通大学，2010。

② 陈锐，牛文元：《循环经济：21 世纪的理想经济模式》，载《中国发展》，2002（2）：12-17 页。

③ 季昆森：《循环经济与资源节约型社会》，载《安徽决策咨询》，2004（7）：42-43 页。

2005年，吴季松提出了“5R”理论，即再思考、再使用、减量化、再循环和再修复[①]。其中再使用和减量化与“3R”原则完全相同，而再循环实际上是资源化的另一种表达方式。再思考是指建立一种新的经济理论，其核心是新的总供给与总需求平衡方式——循环经济方程。

2005年3月26—30日在阿拉伯联合酋长国首都阿布扎比举行的由阿联酋教育部主办阿联酋大学承办、阿布扎比酋长国元首为名誉主席的世界思想者论坛大会上，提出了“5R”循环经济的新经济思想，并得到一致认同，规范了循环经济的理念[②]。“5R”理念主要包括再思考（Rethink）、减量化（Reduce）、再使用（Reuse）、再循环（Recycle）、再修复（Repair）。

2008年刘会齐进一步扩展了吴季松的“5R”理论，提出了“8R”理论。除“5R”之外，新增加的三项原则包括再统筹（Replan as a whole）、再创造（Recreate）和再发展（Redevelop）[③]。

2．联合国环境规划署提出减物质化

减物质化（Dematerialization）是从输入端分析物质流的循环问题的。这一概念最早由联合国环境规划署（UNEP）提出。其含义是在产出数量和质量不变的条件下减少物料投放[④]。减物质化的标志是产品变轻、变小、变薄且经久耐用。此后，国内外学者对减物质化的内涵展开研究。1988年，U. Colombo认为减物质化是经济发展到一定程度的必然结果，其表现为物质需求总量的静态稳定特征[⑤]。1989年，W. C. Labys等提出减物质化是指伴随着工业的发展，相关的低质量物质将会被高质量或者技术性更强的物质材料所取代的过程[⑥]。1989年，Herman等指出减物质化是指在最终产品物质重量随时间而逐渐减少以及单位最终产品产出的

① 吴季松：《新循环经济学——中国的经济学》，北京，清华大学出版社，2005。

② 《循环经济的“5R”理念》，载《工业炉杂志》，2009（1）：48页。

③ 刘会齐：《科学发展观指导循环经济建设》，载《产业与科技论坛》，2008（6）：4-7页。

④ 参见econation网站，2017-03-15[2017-03-15]，http：//www.econation.co.nz/dematerialisation/。

⑤ Colombo，U.：The technology revolution and the restructuring of the global economy，Chapter 4 of Globalization of Technology：International Perspectives，Washington D. C.，National Academies Press，1988。

⑥ W.C.，Labys and L. M.，Waddell：Commodity lifecycles in US materials demands，Resources Policy，1989，15。

污染物量的减少[①]。1993 年，Bernardini 和 Galli 认为减物质化是经济活动中，原材料（能量和材料）使用强度的降低，其衡量指标是物质消耗量同国民生产总值（GDP）的比值[②]。1996 年，Wernick 等认为减物质化是一种功能经济，是服务于经济发展的物质量的绝对或者相对地减少[③]。2000 年，国内学者陈效述指出减物质化是指单位经济产值的物质使用或伴生废弃物数量的绝对和相对地减少[④]。

3. 库兹涅茨曲线

1955 年，美国经济学家西蒙·库兹涅茨（Simon Kuznets）在其研究中发现，随着经济的发展，人们的收入差距有先逐渐增大而后又逐渐缩小的规律。在二维空间，若以收入差异为纵坐标，以人均收入为横坐标，则二者之间呈现倒“U”形关系，该曲线即所谓的库兹涅茨曲线（Kuznets Curve）[⑤]。1971 年西蒙·库兹涅茨获得诺贝尔经济学奖。

1993 年帕纳约托（Panayotou）借用 1955 年库兹涅茨界定的人均收入与收入不均等之间的倒“U”形曲线，首次将这种环境质量与人均收入间的关系称为环境库兹涅茨曲线（Environmental Kuznets Curve）[⑥]，揭示了环境质量开始随着收入增加而退化，收入水平上升到一定程度后随收入增加而改善，即环境质量与收入为倒“U”形关系，后被称为“环境高山”。

---

① R. S.，Herman，A. Arkekani and J. H. Ausubel：Dematerialization. In J.H.，Ausubel，H.E.，Sladovich：Technology and Environment. Washington，D.C.，National Academy Press，1989。

② 李慧明，王磊：《减物质化——循环经济发展的重要测度标准》，中国环境科学学会 2008 年学术年会论文集，58-65。

③ Wernick，I. and J. H. Ausbel：National material flows and the environment，Annual Review Energy Environment，1996，20。

④ 陈效逑，赵婷婷，郭玉泉，宋升佑：《中国经济系统的物质投入与输出分析》，载《北京大学学报（自然科学版）》，2003，39（4）：538-547 页。

⑤ https：//en.wikipedia.org/wiki/Kuznets_curve。

⑥ Panayotou，T.：Empirical Test and Policy Analysis of Environment Degradation at Different Stages of Economic Development，Geneva，International Labour Office，Technology and Environment Programme，1993。

4．格罗斯与克鲁格首次提出环境与经济增长之间可能的相互关系

1991 年格罗斯（Gross）和克鲁格（Krueger）首次提出环境与经济增长之间可能的相互关系：随着经济的发展，环境先是趋于恶化，经济发展到一定水平，环境质量恶化的态势达到顶点，之后环境质量趋于改善[①]。其在环境经济学研究中，通过对 42 个国家横截面数据的分析，发现部分环境污染物排放总量与经济增长的长期关系也呈现倒“U”形曲线，当一个国家经济发展水平较低的时候，环境污染的程度较轻，但是随着人均收入的增加，环境污染由低趋高，环境恶化程度随经济的增长而加剧；当经济发展达到一定水平后，也就是说，到达某个临界点或称“拐点”以后，随着人均收入的进一步增加，环境污染又由高趋低，其环境污染的程度逐渐减缓，环境质量逐渐得到改善。这种现象被称为环境库兹涅茨曲线（EKC）。

5．马勒鲍姆研究金属消耗与经济增长的关系

1978 年，马勒鲍姆（Malebaum）对 1951—1975 年世界范围内的 12 种金属的消耗强度（单位经济产出的金属消耗量）进行分析，研究发现各种金属的消耗与经济的增长之间呈倒“U”形，即金属的消耗逐步呈现减物质化趋势[②]。

6．拉森和威廉等人研究美国物质消耗状况

1986 年拉森（Larson）和威廉（William）对美国的物质消耗状况进行研究，分析了三种传统物质（钢铁、水泥、纸张）和四种现代物质（铝、氯、氨、乙烯）的消耗强度，认为美国已经实现减物质化的发展模式，美国的“物质消耗时代”已经过去[③]。

---

① Grossman G.M. and Alan B. Krueger.A.B.：Economic growth and the Environment，Quarterly Journal of Economic，1995（2）：353-377。

② 李慢：《湖南省经济可持续发展的减物质化研究》，湘潭大学，2011。

③ Larson E. D.，Ross M. H. and Williams R. H.：Beyond the era of materials，Scientific American，1986，254：34-41。

7. 亚尼克等研究西方发达国家物质消耗与经济增长关系

1989 年亚尼克（Janicke）等对以联邦德国、比利时为代表的工业化水平较高的西方发达国家物质消耗与经济增长关系进行研究，在对几项重要物耗指标在 1970 年到 1985 年的变化量进行统计分析后得出结论：这些国家工业化基本完成，物质消耗与经济增长正在逐步实现解耦，即物质消耗量不再与经济同步增长，减物质化发展逐步实现[①]。

8. 贝尔纳迪尼和加利研究发现不同国家几乎在同一个经济水平上达到物质消耗的峰值

1993 年，贝尔纳迪尼（Bernardini）和加利（Galli）研究发现：尽管各个国家单位 GDP 的增长与物质消耗强度之间呈现出倒“U”形曲线的峰值的到来时间是不同的，但是物质消耗的 EKC 的基本形状是相同的，即不同的国家几乎在同一个经济水平上达到物质消耗的峰值[②]。

9. x 倍因子假设

德国乌珀塔尔（Wuppertah）气候、能源和环境研究所的所长 Von Weiszacker 和 Lovins 于 1994 年提出 4 倍因子假设，即在资源能源消耗减半的条件下生产率提高一倍，实现 4 倍增长。即福利水平增加一倍，而资源消耗减半，技术的进步是 4 倍数目标的关键[③]。荷兰政府主张用 4 倍因子理念制定荷兰废物管理的主要目标，即 GDP 增长的同时，废弃物的产生量逐步削减到 4 倍数的目标。1997 年联合国第 15 次可持续发展大会于 1997 年 4 月在美国纽约召开，会上欧盟国家提出世界资源生产力在未来 20 年至 30 年逐步提高，实现 4 倍数的目标，到 2050 年，实现 10 倍数。

---

① Janicke M.，Binder M. and Monch H.：Dirty Industries：patterns of changes in Industrial countries，Environmental and Resource Economics，1997（9）：467-491。

② Bernardini，O. and Galli R.：Dematerialization：long-term trends in the intensity of use of materials and energy，Futures，1993。

③ Wernick，I. K.：Dematerialization and secondary materials recovery：A long-run perspective，Journal of Minerals，Metals and Materials Society，1994，46。

1995 年，德国乌珀塔尔气候、能源和环境研究所（Wuppertah）前副所长 Bheek 提出 10 倍因子假设，即在一代人时间内将资源效率提高 10 倍，在不降低发达国家生活水平的条件下，缩小贫富差距，使子孙后代在地球上持续发展[①]。澳大利亚政府将 10 倍因子作为未来国家环境政策的目标。1996 年，德国发表了《德国可持续发展报告》，报告中将德国的可持续发展定位于 10 倍数减物质化目标[②]。

10．丁达认为环境质量的需求弹性是环境库兹涅茨曲线成立的原因之一

2004 年，丁达（Dinda）认为环境质量的需求弹性是环境库兹涅茨曲线成立的原因之一。随着经济收入的增加，环境需求的收入弹性会变大，当其大于 1 时，环境质量就会得到改善[③]。

11．格瑞布勒认为市场价格机制和技术创新驱动工业化过程中物质的投入和环境影响自动趋于最小化

1994 年，格瑞布勒（Griibler）认为在工业化的过程中必然伴随着技术进步和制度创新。物质的投入和环境影响会自动地趋于最小化，其背后的主要原因是在工业化过程中存在一种内置的驱动力，这种内置的驱动力就是市场价格机制和技术创新[④]。

12．段宁认为物质与经济之间的关系不是简单的“脱钩”或是“复钩”所能概括的

2004 年，我国学者段宁在《上升式多峰理论与循环经济》中指出随着经济的发展，物质与经济之间的关系不是简单的“脱钩”或是“复钩”所能概括的，人

① Factor 10 Club：Statement to Government and Business Leaders，Carnoules，Factor 10 Institute，1997。

② 王磊，李慧明：《减物质化的研究综述与思考》，载《中国地质大学学报（社会科学版）》，2010，10（1）：52-59 页。

③ Soumyananda Dinda：Environmental Kuznets Curve Hypothesis：A Survey，Ecological Economics，2004，49（4），431-455。

④ Griibler，A.：Industrialization as a historical phenomenon，In R. H，Socolow，C. Andrews，and F. Berkhout：Industrial Ecology and Global Change，Cambridge，Cambridge University Press，1994。

类社会发展进程中的物质消耗在多峰起伏的基础上呈现不断上升的状态，两者之间存在一种新的模式，即上升式多峰论[①]。

第三节 循环经济的实施模型

1. 国家“十五”科技攻关项目“循环经济理论与生态工业技术研究”

由中国环境科学研究院承担、东北大学和清华大学参加的国家“十五”科技攻关项目“循环经济理论与生态工业技术研究（2003BA614A-02）”课题，其中子课题3（循环经济和生态工业指标及规划指南研究）和子课题4（生态工业支撑技术评估研究）涉及生态工业的研究。课题于2006年3月通过验收，循环经济和生态工业评价指标体系研究完成。这一课题从构建循环经济理论与分析方法、中国循环经济发展战略、循环经济管理支撑技术和重点行业、区域实证研究4个层次全面完成了研究指标，并取得重大突破和创新[②]。

2. 莱斯特·布朗出版《建设一个可持续发展的社会》

1981年，当代思想家莱斯特·布朗（Lester Brown）出版了《建设一个可持续发展的社会》（*Building a Sustainable Society*）一书，在扉页上引用了联合国环境方案中的一句话“我们不只是继承了父辈的地球，而且也借用了儿孙的地球”。这句寓意深刻的名言呼唤人类警醒、自觉地改变价值观念、从高速增长的传统发展模式过渡到可持续增长模式[③]。

莱斯特·布朗对社会经济可持续发展的论述中提出A、B两种模式。A模式中物耗、能耗增长是与GDP增长同步，GDP增长一倍，物耗能耗也增长一倍，这种增长是不可持续的。他建议的B模式是要求保持物耗、能耗增长一倍，寻求

① 段宁，邓华：《上升式多峰理论与循环经济》，载《世界有色金属》，2004（11）：9-13页。

② 王博：《基于物质流分析的生态工业园构建——以天津经济技术开发区为例》，天津理工大学，2008。

③ 刘贵清：《循环经济的多维理论研究》，青岛大学，2010。

GDP 增长四倍的方案，才能可持续发展，这对科学技术提出了十分苛刻的要求。

3．中国实现循环经济转型的“穿越环境高山”战略模式

2003 年陆钟武等推导了环境负荷与 GDP 之间的关系，提出了“穿越环境高山”战略，认为从“环境高山”的半山腰穿过去，走新型工业化道路，是中国经济发展转型的战略选择①。

一般在人均 GDP 较低的国家，GDP 的上升随着资源消耗的大量增加；在人均 GDP 较高的国家，人均 GDP 的增长主要依靠高科技的灵巧产品制造及第三产业的增长，它的资源消耗反而呈下降趋势。这一人均 GDP 与资源消耗的关系被概括为倒“U”形的库兹涅茨曲线，称为“环境高山”。

对于如何翻越高峰值，国内学者曾提出“隧道”方案，水平穿过环境高山，进入良性发展，但这在当前技术条件下也难以达到。金涌等提出“爬坡”方案，即考虑到科技发展水平越高，必然使曲线峰值越低，所以可在 GDP 和科技水平同时增加的条件下，使经济发展轨迹能够较平稳地爬过山坡，进入良性发展阶段②。

中国学者经分析提出了 C 模式的发展道路，即物耗能耗增加一倍，使 GDP 增加两倍，这是当前及可预见的技术条件下中国有可能实现的方案③。在实施战略方面，诸大建在 Lester R. Brown 提出的 B 模式基础上，结合国内实际提出了 C 模式，认为 C 模式能够帮助中国实现经济增长、产品功能与物质消耗的相对脱钩。

4．诸大建等提出对象—主体—政策模型

在“3+1”模型的基础上，诸大建等人提出了对象—主体—政策模型，其中对象指对资源的输入端、使用过程中和输出端的三个环节进行全过程管理，主体指带动企业、公民和政府共同参加，政策指施行管制性政策、市场性政策和参与性政策。对象—主体—政策模型强调了全产业链管理的思想以及政府规制的作用，

---

① 陆钟武，毛建素：《穿越“环境高山”——论经济增长过程中环境负荷的上升与下降》，载《中国工程科学》，2003，5（12）：36-42 页。

② 金涌，冯之浚，陈定江：《循环经济：理念与创新》，载《中国工程科学》，2010，12（1）：4-7 页。

③ 诸大建，臧漫丹，朱远：《C 模式：中国发展循环经济的战略选择》，《中国人口·资源与环境》，2005，15（6）：8-12 页。

对“3+1”实施模型进行了很好地补充和深化[①]。

5．金涌认为“C 模式”符合中国实际的转型战略

金涌等认为“C 模式”是比较符合中国实际的转型战略，而“穿越环境高山”战略在当前技术条件下难以实现，他们在“穿越环境高山”战略的基础上提出了“爬坡”战略，认为在 GDP 和科技水平同时增加的条件，能够较平稳地爬过“环境高山”，进入良性发展阶段[②]。

6．耿涌等总结中国循环经济的实践框架

2013 年，耿涌等人进一步归纳了国内循环经济的实践结构给出了国内循环经济实践的总体框架，以表格的形式同时反映了循环经济实践的不同领域、不同层次，以及相应的对策措施，对全面掌握国内循环经济实践状况具有重要的指引作用[③]。

中国循环经济的实践包括三个尺度：在微观层面，主要有清洁生产、生态设计、绿色采购和消费、产品回收体系等；在中观层面，主要有生态产业园、生态农业、环境友好园区、废物交易市场等；在宏观层面，主要包括区域生态产业园区网、租赁服务、城市共生等。

---

① 诸大建，黄晓芬：《循环经济的对象—主体—政策模型研究》，载《南开学报》，2005（4）：86-93 页。

② 金涌，冯之浚，陈定江：《循环经济：理念与创新田》，载《中国工程科学》，2010（1）：4-11 页。

③ Su B.，Heshmati A.，Geng Y.：A Review of the circular Economy in China：Moving from Rhetoric to lmplementation，Journal of Cleaner Production，2013，42：215-227。

第三章　循环经济的微观实践

第一节　清洁生产

1．3M 公司实施“3P”计划

清洁生产起源于 20 世纪 60 年代的美国化学行业的污染预防审计。清洁生产的基本思想最早反映在美国 3M 公司于 1974 年推行的“3P”计划。美国 3M 公司的“3P”计划被称之为清洁生产的第一个里程碑①。3M 公司是美国一家著名的跨国公司，在全球近 200 个国家和地区销售 5 万多种产品，产品横跨自动化、通信、办公、保健、医药、安全、运输等领域。3M 公司从 1975 年开始推出“3P”（Pollution 污染、Prevention 预防、Pays 付费）计划，即要想减少生产和制造过程中的污染，首先要停止制造污染；没有制造出来的污染当然用不着考虑如何处理②。“3P”计划的目标是使得“预防污染”成为 3M 公司的一种运行方式：在整个制造、工程和研究开发活动中主动寻找预防的机会。其效果是两方面的：明显的污染减少和显著的成本节约。

3M 公司环境策略的核心思想是：（1）主动解决公司的环境污染和保护问题；（2）在任何可能的时候，在任何可能的污染源处着手防止污染；（3）开发对环境影响最小的产品；（4）通过回收和其他合适的方法来保护自然资源；（5）保证公

① Geiser K.: Cleaner production perspectives for the next decade. UNEP's 6th international high-level seminar on cleaner production，Montreal，Canada，Oct. 2000.

② 陈玉祥，陈国权：《3M 公司和“3P”计划》，载《管理现代化》，1999（3）：49-51 页。

司的工厂和产品符合联邦、州和地方环境机构的所有规定；（6）在任何可能之处协助政府机构和其他官方组织进行其环保活动[①]。

2．清洁生产概念的诞生

1976年，欧共体在巴黎举行的“无废工艺和无废生产国际研讨会”上提出了“清洁生产”的概念。会上所提出的“消除造成污染的根源”的思想，标志着清洁生产的概念正式被提上议程[②]。1977年4月，欧共体委员会制定了关于“清洁工艺”的政策。1979年4月，欧共体理事会宣布推行清洁生产政策。1984年、1985年、1987年欧共体环境事务委员会连续三次拨款支持建立清洁生产示范工程。

3．联合国环境规划署制定《清洁生产计划》

1989年，联合国环境规划署工业与环境计划活动中心（UNEP IE/PAC）制定了《清洁生产计划》，在全球范围内推行清洁生产。《清洁生产计划》的主要目标包括：增进全世界对这一概念的了解；帮助各国政府和工业界制订和采用清洁生产计划，以期改变生产模式；便利清洁生产技术转让[③]。

同时，联合国环境规划署提出“清洁生产”（Cleaner Production）的概念，运用这一术语来表征从原料、生产工艺到产品使用全过程的广义的污染防治途径。联合国环境规划署对清洁生产的定义如下：清洁生产是对工艺和产品不断运用一种一体化的预防性环境战略，以减少对其对人体和环境的风险。对于生产工艺，清洁生产包括节约原材料和能源、消除有毒原材料，并在一切排放物和废弃物离开工艺之前削减其数量和毒性。对于产品，战略重点是沿产品的整个生命周期，即从原材料提取到产品的最终处置，减少其各种影响。

4．中国将清洁生产作为环境与发展的对策之一

自1989年联合国环境规划署提出推行《清洁生产计划》后，清洁生产的理念和方法开始引入中国，有关部门和单位开始研究如何在中国推行清洁生产。1992

① 参见3M网站，2017-03-15[2017-03-15]，http：//www.3m.com/3M/en_US/sustainability-us/goals-progress/。

② 段宁：《从清洁生产、生态工业到循环经济》，载《宁波经济（财经视点）》，2004（2）：29-31页。

③ 《什么是清洁生产和清洁生产计划》，载《产业与环境》，1995（4）：93页。

年国家环保局与联合国环境规划署召开了中国第一次清洁生产研讨会。1992 年 10 月，联合国环境与发展大会后，党中央批准了《环境与发展十大对策》，提出“新建、改建、扩建项目时，技术起点要高，尽量采用能耗物耗小、污染物排放量少的清洁生产工艺”，清洁生产作为中国环境与发展的对策之一。1993 年国家环保局与国家经贸委联合召开的第二次中国工业污染防治工作会议明确提出实行清洁生产将作为一项具体政策在中国推行[①]。

5.《清洁生产》期刊发行

1993 年《清洁生产》期刊（*Journal of Cleaner Production*）发行，是一个跨学科的国际性杂志，主要关注清洁生产、环境和可持续发展研究与实践。《清洁生产》期刊作为一个平台，以解决和讨论清洁生产的理论和实践，包括企业、政府、教育机构、地区和社会的环境和可持续性问题[②]，关注的主题领域包括但不限于清洁生产和技术流程；可持续发展和可持续性；可持续消费；环境和可持续性评估；可持续产品和服务；企业可持续发展和企业社会责任；可持续发展教育；治理、立法和政策的可持续性。

6．中国制定世界第一个国家级《21 世纪议程》

1994 年 3 月，中国制定了世界第一个国家级的《21 世纪议程》，向全世界公布了中国政府履行《里约环境与发展宣言》责任和义务，以及实施可持续发展的行动计划和措施，其中单独设立了“开展清洁生产和生产绿色产品”的领域。

《中国 21 世纪议程——中国 21 世纪人口、环境与发展白皮书》（以下简称《议程》）的第十二章“工业与交通、通信业可持续发展”中提到，应“开展清洁生产和生产绿色产品。科学规划和组织协调不同生产部门的生产布局和工艺流程，优化生产诸环节，由单纯的尾端污染控制转向生产全过程的污染控制，减少单位经济产出的废弃物排放量；鼓励采用清洁生产方式使用能源和资源，提高能源和资源的使用效率，制定与中国目前经济发展水平和国力相适应的清洁生产标准和原

① 赵家荣：《清洁生产回顾与展望》，载《产业与环境（中文版）》，2003（S1）：12-16 页。

② 参见清洁生产期刊网站，2017-03-15[2017-03-15]，https：//www.journals.elsevier.com/journal-of-cleaner-production/。

则，并配套制定相应的法规和经济手段；开发无公害、少污染、低消耗的清洁生产工艺和产品，特别鼓励可再生资源、能源的使用。更新、替代有害环境的产品，大力发展绿色产品，特别要促进具有环境保护标识的产品的生产与使用。”

与此同时，中国还制定了《中国21世纪议程优先项目计划》，旨在将《议程》中的行动方案分解为可操作的项目，作为实施《议程》的一个重要步骤。履行中国政府在1992年联合国环境与发展大会的承诺，用实际行动实施可持续发展战略。根据国内资金与国际合作、援助资金落实情况，优先项目计划将逐步纳入各级国民经济和社会发展中长期计划，特别是将在“九五”计划（1996—2000）和到2010年的规划的制定中得到具体体现。其中列入中国21世纪议程第一批优先项目计划的领域包括[①]：（1）综合能力建设；（2）可持续农业；（3）清洁生产与环保产业；（4）清洁能源与交通发展；（5）自然资源与利用；（6）环境污染控制；（7）消除贫困与区域开发整治；（8）人口、健康与人居环境；（9）全球变化与生物多样性保护。

7．全球范围创建发展中国家国家清洁生产中心计划

1994年联合国环境规划署和联合国工业发展组织联合发起了“全球范围创建发展中国家国家清洁生产中心计划”，在全球范围内推行清洁生产。1995年6月，联合国工业发展组织与联合国环境规划署共同指导和资助建立了中国国家清洁生产中心，该项目为全球“在发展中国家建立国家清洁生产中心”的一部分[②]。

8．第一次亚洲与太平洋地区清洁生产圆桌会议

1997年11月，第一次亚洲与太平洋地区清洁生产圆桌会议在曼谷举行，讨论了清洁生产问题。平行的专题会研讨了技术、政策与法规、工商业与国际贸易等主题。这次圆桌会议对所介绍的成功地区性案例研究数目来说是重要的。在一次关于以上提到的国际清洁生产宣言初稿的专题会上，该举措得到普遍支持[③]。

① 中国投资与建设编辑部：《中国21世纪议程第一批优先项目计划》，载《中国投资与建设》，1994（8）：11-12页。

② http：//www.cncpn.org.cn/。

③ 联合国环境署工业与环境中心：《清洁生产》，载《产业与环境（中文版）》，1998（Z1）：63-66页。

9.《清洁生产国际宣言》

1998年，第五届促进清洁生产高级研讨会制定和签署了《清洁生产国际宣言》（*International Declaration on Cleaner Production*），清洁生产的定义得到了进一步完善。联合国环境规划署在这一宣言中对“清洁生产”的定义如下：“清洁生产是一种创新思想，该思想将整体预防的环境战略持续运用于生产过程、产品和服务中，以提高效率，并减少对人类及环境的风险[①]。”对于生产过程来说，清洁生产指节约能源和原材料、淘汰有害原材料，减少污染物和废物的排放及它们的有害性。对于产品来说，清洁生产指降低产品全生命周期（包括从原材料的开采到寿命终结的处置）对环境的有害影响。对服务来说，清洁指将预防性环境战略结合到设计和所提供的服务中。

《宣言》是承诺实行清洁生产的一个自愿性的公共声明，其原则被归纳为以下标题：领导、意识教育和培训、综合、研究开发、交流以及执行。《宣言》的具体目标是：（1）传播对当前环境问题的意识以及把清洁生产作为首选解决方法（以及整体预防战略）的意识；（2）社团和社区领导重申并强化对采用清洁生产的承诺；（3）拓宽清洁生产的顾客基础并使之多样化；（4）在当前的示范活动之后鼓励清洁生产投资；（5）激励地方和全球范围的进一步合作[②]。

10．中国建立国家“环境友好企业”评价机制

2003年5月，在联合国环境署的支持下，国家环保总局对重点流域、重点行业推行清洁生产审计工作，建立了基于企业与公众直接对话的国家“环境友好企业”评价机制[③]。国家环保总局决定，通过考核环境指标、管理指标和产品指标共22项子指标，对审定的企业授予“国家环境友好企业”的称号。通过创建“国家环境友好企业”，树立一批经济效益突出、资源合理利用、环境清洁优美、环境与经济协调发展的企业典范，促进企业开展清洁生产，深化工业污染防治，走新型工业化道路。开展“国家环境友好企业”创建活动将对中国促进工业可持续发展

① http：//www.unep.fr/scp/cp/network/pdf/english.pdf。

② 李滨：《国际清洁生产宣言：从签署到行动》，载《生态毒理学报》，2002，24（1）：10页。

③ 穆丽佳：《制造企业生态设计行为影响因素实证研究》大连理工大学，2007。

具有深远的意义。国家环保总局每 3 年对授予“国家环境友好企业”称号的企业进行一次复查，对复查不合格的企业，取消其荣誉称号。国家环保总局还组织抽查和暗查，对检查不合格的企业，责令其限期整改。

11．中国首批环境友好企业

2004 年 11 月 16 日，国家环保总局向 8 家首批“国家环境友好企业”授牌并颁发证书，包括：拜耳（无锡）化工有限公司、山东鲁北企业集团总公司、青岛港（集团）有限公司、金东纸业（江苏）有限公司、中国石化镇海炼油化工股份有限公司、昆山钞票纸厂、南通醋酸纤维有限公司、中国石油独山子石化分公司①。

12．《中华人民共和国清洁生产促进法》

《中华人民共和国清洁生产促进法》经 2002 年 6 月 29 日第九届全国人民代表大会常务委员会第二十八次会议修订通过，自 2003 年 1 月 1 日起施行。旨在促进清洁生产，提高资源利用效率，减少和避免污染物的产生，保护和改善环境，保障人体健康，促进经济与社会可持续发展。2012 年 2 月 29 日第十一届全国人民代表大会常务委员会第二十五次会议通过《全国人民代表大会常务委员会关于修改〈中华人民共和国清洁生产促进法〉的决定》，自 2012 年 7 月 1 日起施行。明确提出国家要建立清洁生产推行规划制度，进一步促进环境保护和节能减排，强化各级政府推行清洁生产的职责。这表明中国政府已经决心加快国内经济发展方式转型、走低碳经济、可持续发展经济之路。

13．创新电子废物管理：从宏观到微观

清华大学环境学院李金惠教授的课题组和美国纽约州立大学的研究人员等对电子废物创新管理进行了研究，旨在促进电子废物相关立法的完善②。废电器电子产品（电子废物）会造成环境污染并对人体健康带来危害，目前已成为全球关注的问题。由于电子废物中又包含金属、塑料等有价值的资源，电子废物回收不仅

---

① 《首批“国家环境友好企业”授牌》，载《节能与环保》，2004（12）：57 页。

② Zeng，X.，Yang，C.，Chiang，J. F. and Li，J.：Innovating e-waste management：From macroscopic to microscopic scales，Sci. Total Environ. 2017（575）：1-5。

有助于解决电子行业矿产资源短缺的问题，也将有效减少环境污染并降低对人体的健康风险。为有效地管理并回收电子废物，电子废物管理者应当创新管理角度，重视电子废物回收技术工艺及再生材料，包括鼓励电子废物回收技术工艺的提高，减少甚至避免电子废物的危险物质进入下游材料；制定相关的规定或政策，规范再生材料中危险物质的含量。

第二节　生态设计

1．富勒提倡“少费多用”的生态设计理念

从1920年代开始，系统理论家巴克明斯特·富勒（Buckminster Fulle）就一直提倡“少费多用”的生态设计理念[①]。1971年，他在《生活》杂志的一次采访中，提出“污染是我们未充分利用的资源，我们之所以让这些所谓的废物从我们的手中白白流走，是因为我们还没有充分认识到它们的价值。”

2．《为真实世界的设计》提倡社会包容性的环保设计理念

1971年，维克多·帕帕内克（Victor Papanek）出版的《为真实世界的设计》一书，猛烈抨击了造成“覆盖整个地球的永久垃圾杂物景观”的设计理念，提倡社会包容性的环保设计理念。他认为，传统设计者过多考虑了美观和形式方面的内容，而忽视了功能、用途、可维修性以及产生的环境和社会影响[②]。

3．约翰·莱尔提出“可再生设计”理念

1970年代，美国景观设计师约翰·T. 莱尔（John T. Lyle）等基于这一概念，提出了立足于当地、使用可再生能耗的“可再生设计”理念（Regenerative design），即用“源—消费中心—汇”循环系统取代目前的线性流，形成一个再生系统

---

① 方陵生：《循环经济：让资源循环起来》，载《世界科学》，2016（5）：13-17页。

② Papanek，Victor.：Design for the Real World：Human Ecology and Social Change，New York，Pantheon Books，1971。

（Regenerative system），使前一流程中的“汇”变成下一流程中的“源”[①]。根据莱尔的经验，实现再生系统，在设计上有以下 12 大战略：（1）让自然做功；（2）向自然学习、以自然为背景；（3）整合而非孤立；（4）需求多功能的满意或较优而非单一功能的最大或最小；（5）适当的以适用为目的的技术追求，而非过分追求高科技；（6）用信息取代物质和能量消耗；（7）提供多条解决途径；（8）寻求用共同途径解决多个不同问题，而非就事论事；（9）把管理储存（包括资源、能源和废物）作为关键因素来对待；（10）创造环境之形来引导功能流；（11）创造环境之形来标识过程；（12）可持续性优先[②]。

4．欧盟产品生态标志计划

欧盟于 1991 年通过了《欧盟生态标志计划法案》，旨在鼓励在产品设计和制造中降低环境影响以及向消费者和公众提供有关产品的更充分的环境信息[③]。欧盟生态标志计划是一项自愿性计划，是欧盟范围内用以辨别生态标志产品的唯一官方依据。欧盟选用由第三方对产品进行认证并向达到规定标准的产品颁发标志和资格证书。该计划把生态标志授予那些符合为各个产品组定义的规定环境表现基准的产品，这些基准是以该产品在其整个寿命周期内的主要环境影响的评价为基础的。这一法案通过规范各成员国的生态标志申请程序、统一各成员国生态标志产品种类与产品标准，可减少和避免申请程序和产品标准的不一致而导致企业与市场的不适应和混乱。

5．美国环保局提出“为环境而设计计划”

1992 年美国环保局（EPA）首先提出“为环境而设计计划”，其目的是帮助企业尤其是小企业在设计和重新设计产品和工艺时更多地考虑环境，使产品的经济效益与环境效益达到最佳的结合[④]。美国环保局根据环境设计（DfE）项目列出的

---

① 俞孔坚，李迪华，吉庆萍：《景观与城市的生态设计：概念与原理》，载《中国园林》，2001（6）：3-10 页。

② Lyle，J. T.：Regenerative Design for Sustainable Development. John Wiley & Sons. Inc.，1994。

③ 参见欧盟环保署网站，2017-03-15[2017-03-15]，http：//ec.europa.eu/environment/ecolabel/facts-and-figures.html。

④ 参见美国环保局网站，2017-03-15[2017-03-15]，https：//www.epa.gov/saferchoice。

企业和研究机构超过 100 家，涉及电子、汽车、印刷、化工等不同的行业，包括 IBM、Dell、Dupont、安德森化学等著名大公司。2015 年，这一项目被更名为“EPA 更放心的选择”（EPA Safer Choice）。

6.《生态设计：一种有希望的可持续生产与消费思路》

20 世纪 90 年代初，联合国环境规划署（UNEP）启动和实施了环境友好产品开发的项目与计划，UNEP 工业与环境中心，同名为拉特诺研究所（Rathenau Institute）的荷兰技术评价组织以及荷兰德尔夫特理工大学一起，记载、分析了来自这些计划和项目的结论与经验。以此为基础，于 1997 年 4 月出版了名为《生态设计：一种有希望的可持续生产与消费思路》的手册，总结了环境思路不断演变的过程：从末端治理（20 世纪 60 年代至 70 年代）到过程控制（80 年代），再到 90 年代的清洁产品；提出了“生态设计”概念，论述了在开发产品时需要找到生态要求与经济要求之间的平衡，环境问题应贯穿于产品开发的全过程，并建议采用一种逐步逼近法设计环境负荷最小的产品。该手册始终突出对可持续生产与消费的积极影响，并用很多实例、核查清单、图和拇指定则等加以说明[①]。

该手册的宗旨是逐步使工商企业启动和实施生态设计项目，逐渐熟悉生态设计原理，并积累相关经验。它提出，一个生态设计项目可细分成六步：生态设计项目的组织，产品选择，确定生态设计，战略设想的产生，设计概念的详细说明，沟通与产品推出。构筑六步计划是为了与很多清洁工艺的评价方法兼容。更重要的是，它与传统的产品开发过程完全兼容。这意味着产品开发的基本结构仍然不变，唯一需要的是兼顾环境要求。这为产品生态设计的可操作性奠定了基础。该手册还有九个补充模块，每个模块分别覆盖生态设计的一个专门方面，即生态设计战略、寿命终结系统的优化、寿命周期分析方法、寿命周期成本会计方法、生态设计研讨会、绿色营销、环境问题总览、面向产品的环境政策和信息提供者与文献。该手册是用一套工作程序单完成的，它不仅填补了清洁生产基础知识的某些空白，而且还提供了指导准则、实例以及实际逐步计划，这将有助于加速全球生态设计进程和提高 UNEP 清洁生产计划的影响力。

---

① Han Brezet：Ecodesign：A promising approach to sustainable production and consumption，United Nations Pubns，1998。

7. 威廉·麦克唐纳和迈克尔·布朗嘉尔合著《从摇篮到摇篮：重塑我们的生产方式》

2002年，美国的生态建筑设计师威廉·麦克唐纳（William McDonough）和迈克尔·布朗嘉尔（Michael Braungart）合著《“从摇篮到摇篮”：重塑我们的生产方式》（*Cradle to Cradle：Remaking the way we make things*）一书，呼唤新的工业革命，实现生产消费习惯的范式转变[①]。麦克唐纳以樱桃树的生长模式为例，樱桃树从环境中汲取养分，使得自己花果累累，同时它撒落在地上的花叶也滋养了周围的事物。这不是一种单向的从生长到消亡的线性发展模式（从摇篮到坟墓），而是一种“从摇篮到摇篮”的循环发展模式。书中提倡消除“废物”的概念，改良工业设计，即形成产品“从摇篮到摇篮”的生命周期过程即产品在生命周期结束时，或转为无害物质重新回到水或土壤中，成为“生态养分”；或转为其他工业生产的有用原料，成为“技术养分”。

8. 第一个将“从摇篮到摇篮”原则应用于生产的欧洲地毯生产商

2008年Desso成为欧洲第一个将“从摇篮到摇篮”原则应用到生产中的地毯生产商[②]。Desso和其他“从摇篮到摇篮®”公司必须遵循的五大标准为：

（1）原料健康——确保产品中所有的化学成分都符合无害定义（最佳/绿色或者可接受/黄色）。这是根据一系列环境和人类健康标准进行的划分，所有划分为红色（高危）或灰色（无法定义）的成分都必须被淘汰和替换。

（2）原料再利用——必须将消费者或客户使用后的回收产品中可利用的部分材料分离出来。这些材料将作为原料被用于再生产（技术回收）或者成为营养素回到土壤中（生物降解）。

“从摇篮到摇篮®”理念的核心在于“垃圾等于食物”。因此，针对地毯，Desso已经开发出了回收地毯技术以及对其原料进行循环或再利用的技术。

（3）使用可再生能源——这是“从摇篮到摇篮®”的三大核心原则之一（其他

---

① William McDonough and Michael Braungart：Cover of Cradle to Cradle：Remaking the Way We Make Things，United States North Point Press，2002。

② 参见Desso网站，2017-05-04[2017-05-04]，http：//www.desso-corporate.cn/。

两个核心原则是垃圾等于食物和鼓励类似自然界的多样化）。使用当前的太阳能，也就是说尽可能使用可再生能源。只有如此，像Desso这样的“从摇篮到摇篮®”企业才能确保他们的行为和产品有益于环境和人类健康。

（4）水资源管理——“从摇篮到摇篮®”公司必须证明他们以负责任和高效的方式利用水资源，并且尽可能净化其工厂向附近河域排放的废水。

（5）社会责任——公司在对待员工方面必须达到负责任的最高原则，并且确保公司供应链同样遵守这些原则。Desso坚持遵循非营利机构社会责任国际组织（SAI）制定的SA8000社会责任标准。它是世界上首个方针和协议涉及劳工基本人权保护的可审查社会认证标准之一。

无害材料是根据“从摇篮到摇篮®”评估标准，所有组分都经过评估达到绿色（最优）或者黄色（可以接受）标准[①]。

9. 欧盟实施《耗能产品生态设计指令》

从2007年8月11日起，欧盟开始实施《耗能产品生态设计指令》（Eco-design Requirements for Energy-using Products，EuP指令），迫使企业进行思维上的转换，从战略上重视产品的生态设计。EuP并不是一个简单的节能指令，而是一个完备的生态设计框架体系，并以不断出台实施措施的方式进行逐步推进[②]。

该指令首次将生命周期理念引入产品设计环节中，旨在从源头入手，在产品的设计、制造、使用、维护、回收、后期处理这一周期内，对用能源产品提出环保要求，全方位监控产品对环境的影响，减少对环境的破坏[③]。十余类相关产品出口受阻，EuP指令所涵盖的产品范围非常广泛。按欧盟EuP指令条文内容所示，原则上包括所有投放市场的耗能产品，生成、转换及计量这些能源的产品（不包括运输工具）；以及用于装入耗能产品、并在市场上独立直接销售给最终用户的部件。产品消耗的能源包括电能、固体燃料、液体燃料和气体燃料。待指令生效后，

---

① McDonough Braungart Design Chemistry（MBDC）：《从摇篮到摇篮®认证计划2.1.1版》，2010年1月再版。

② 参见欧盟环保署网站，2017-03-15[2017-03-15]，http：//ec.europa.eu/energy/en/topics/energy-efficiency/energy-efficient-products。

③ 参见欧盟EUP环保指令，2017-03-15[2017-03-15]，http：//www.baike.com/wiki/%E6%AC%A7%E7%9B%9FEUP%E7%8E%AF%E4%BF%9D%E6%8C%87%E4%BB%A4。

欧盟委员会将对暖气与热水设备、电动马达系统、家庭与服务业的照明设备、家用电器、家庭与服务业的办公室设备、通风与空调设备等做出环境化设计的实施方法，涵盖产品所含的原材料、生产方式、使用方式（包括耗水耗能情况）、产品寿命以及产品报废时的处理方法或可以循环再造的程度。

10. 阿布・史提文斯编写了第一本电子产品领域的生态设计专著

2007 年，荷兰阿布・史提文斯（Ab Stevels）总结个人的经历，编写了电子产品第一本生态设计相关的专著《电子产品的生态设计经历》（*Adventures in Ecodesign of Electronic Products*）。电子信息技术在过去几十年里得到了突飞猛进的发展，给人类社会的生产、生活方式带来了深刻的变革。特别是近 20 年来，以电脑、手机等高科技信息技术产品为代表的电子产品生产，不断追求新的变革，形成了一个以追求速度为核心的全球化生产网络。快速的技术变革和价格下降使得这些电子产品的使用寿命大大低于产品材料实际使用的年限，从而进一步加速了电子废物的产生，造成其管理的巨大压力[①]。

第三节 绿色消费与绿色采购

1.《大转型》首次提及“生态消费”的概念

1944 年《大转型》首次提及“生态消费”的概念，指出不合理的消费方式是环境污染、生态破坏问题严重的根本原因。这被看作绿色消费思想的起源，其中的观点也得到了广泛的支持[②]。

2.“绿色消费”的提出

1968 年 3 月，美国国际开发署署长 W. S. 高达在国际开发年会上发表了“绿色革命——成就与担忧”的演讲，首次提出了“绿色革命”的概念。1971 年，加

① 阿布・史提文斯，李金惠，曾现来：《电子产品的生态设计经历》，北京，中国环境科学出版社，2011。

② 卡尔波兰尼：《大转型：我们时代的政治与经济起源》，冯钢，刘阳译，杭州，浙江人民出版社，2007。

拿大工程师戴维·麦克塔格特发起并成立了绿色和平组织。20世纪80年代初，环境问题引起大众的广泛关注，绿色议题进入经济、政治、文化等领域，形成了颇有规模的“绿色运动”[①]。

1972年，吉登斯（A. Gidens）指出为缓解社会发展过程中遇到的一系列问题应当改变不合理的消费方式。绿色消费思想从此得到广泛传播。这场运动利用生产对于消费的反作用，从消费领域施加对于生产领域的影响。绿色消费在全球范围内获得了不断发展，已被更多消费者采用，成为更加普及的、具有实际效果的新型消费方式。

1989年，英国John Elkington和Julia Hailes两位作家出版的《绿色消费者指南》（*The green consumer guide：From shampoo to champagne：High-street shopping for a better environment*）首次提出“绿色消费”及其定义，即为避免使用下列商品的消费：（1）危害到消费者和他人健康的商品；（2）在生产、使用和丢弃时，造成大量资源消耗的商品；（3）因过度包装，超过商品本身价值或过短的生命周期而造成不必要消费的商品；（4）使用出自稀有动物或自然资源的商品；（5）残害动物或剥夺其生命而生产的商品；（6）对其他国家尤其是发展中国家有不利影响的商品[②]。

1994年奥斯陆国际会议把绿色消费定义为：在使用最小化的能源、有毒原材料，使排入生物圈内的污染物最小化在不危及后代生存的同时，产品和服务既要满足生活的基本需要又可使生活质量得到进一步的改善[③]。

3．经济合作与发展组织提出“污染者付费原则”

1972年，经济合作与发展组织提出“污染者付费原则”，主要是规制以往生产者将外部的不经济转嫁给社会的行为，达到将外部的不经济行为内部化的目的[④]。市场经济中的商品与劳务的价格理应反映出所耗资源和治理环境所需的总费

---

① 汪玲萍，刘庆新：《新可持续消费概念的内涵特征及合理性——兼对相关概念评析》，载《商业时代》，2013（19）：4-7页。

② John Elkington and Julia Hailes：The Green Consumer Guide，Simon & Schuster UK，2007。

③ 董彦龙：《绿色消费模式的构建与制度安排》，载《商场现代化》，2005（25）：216-217页。

④ 李良：《促进中国节能环保汽车消费的绿色税收政策研究》，西南大学，2013。

用，所以在生产生活中所产生的负的经济外部性应由资源消费和环境问题的造成者承担。因此，要使外部的不经济内部化，使其污染者承担外部成本，就必须要形成一套机制，运用相关政策使外部成本内部化。

4．美国发布《联邦采购、循环和废物防治建议》

1993 年 10 月，美国总统克林顿签发的《联邦采购、循环和废物防治建议》（12873 决议），要求环境保护局颁布和执行“政府机构必须采购环境更优产品或服务”的指南。这些计划或指令客观上促进了产品生态设计的发展，也刺激了生态产品的消费[①]。

5．“可持续消费”的提出

“可持续消费”是联合国环境规划署于 1994 年在内罗毕发表的报告《可持续消费的政策因素》中正式提出的[②]，其中对于“可持续消费”的定义为“提供服务以及相关的产品以满足人类的基本需求，提高生活质量，同时使自然资源和有毒材料的使用量最少，使服务或产品的生命周期中所产生的废物和污染物最少，从而不危及后代的需求”。

6．奥斯陆国际会议定义绿色消费

1994 年奥斯陆国际会议把绿色消费定义为：在使用最小化的能源、有毒原材料，使排入生物圈内的污染物最小化在不危及后代生存的同时，产品和服务既要满足生活的基本需要又可使生活质量得到进一步的改善[③]。

7．德国《循环经济法》规定政府采购产品原则

德国从 1979 开始推行环保标志制度，国家规定政府机构优先采购环保标识产品，规定绿色采购的原则包括禁止浪费、产品必须具有耐久性、可回收、可维修、容易弃置处理等条件。德国早在 1994 年 9 月 27 日通过的《循环经济法》第 37

① 江心英，季莹：《产品生态设计理论与实践的国际研究综述》，载《生态经济》，2006（2）：77-80 页。

② 陈群胜：《循环经济与工业发展模式转型研究》，上海大学，2010。

③ 董彦龙：《绿色消费模式的构建与制度安排》，载《商场现代化》，2005（25）：216-217 页。

章中就对政府采购循环经济产品做出了原则规定，要求联邦政府有关机关应采购和使用满足一定的耐用性、维修保证、可再利用性、废旧利用性规定等的环境友好型产品和服务①。

8．美国总统行政命令要求政府进行绿色采购

1998年美国总统第13101号行政命令要求实现政府绿化行动，表现在废物排放量降低、资源回收率提高及政府进行绿色采购，使行政机关成为消费示范，大量采购使用可再生物质的产品，因需求量增加从而扩大环保产品的消费市场②。

9．首个实行政府采购绿色标准的市政府

奥地利维也纳市政府在世界上第一个正式实行政府采购绿色标准，该市1998年发布了有关规定，并开始全面制定和实施政府采购生态标准③。2004年，奥地利政府更新了这一政府采购绿色标准。

该标准的主要目标是按照经合组织的建议为采购部门提供一个实用工具，其中一节对所有产品和服务提出了总体要求，并对九组产品和服务办公设备和材料、建筑工业、能源、清洁材料、室内设计、食品和餐饮业、交通运输和车辆、景观保护和废物管理提出了具体的要求。核查标准目录于2001年出版，涵盖范围广泛的产品类别、服务和系统。两个指南的主要目标群体是国家、区域和地方各级政府采购机构以及外包的法律实体，如联邦政府采购局和联邦房地产公司④。

10．日本出台《绿色采购法》

1994年，日本制定了绿色政府行动计划，规定了绿色采购政策的基本原则，鼓励所有中央和地方政府管理机构积极采购绿色产品⑤。日本政府于2000年5月制定了《国家和其他实体有关促进环保货物和服务的法律》（简称《绿色采购法》），

---

① 张华：《对政府绿色采购问题的若干思考》，载《企业经济》，2008（1）：19-21页。

② 关婉洁：《我国绿色消费的法律问题研究》，东北林业大学，2014。

③ 万秋山：《制定政府采购绿色标准，培育循环经济市场》，载《环境保护》，2005（4）：41-44页。

④ 展文洋：《中欧政府绿色采购政策及实践对比研究》，天津工业大学，2009。

⑤ 张瑛：《政府绿色采购的国际经验与借鉴》，山东财政学院学报，2006（3）：38-40。

于2001年4月正式实施，该法案是日本为建立循环型社会颁布的六大核心法案之一。该法案的制定与出台，主要是从需求方面创造有利于循环型社会形成的大的环境氛围[①]。

《绿色采购法》要求通过国家和地方政府及公共团体率先采购有益于环境的再生产品，促进有关绿色消费的信息传播，规定所有中央政府及其所属机构都必须实施绿色采购的年度计划，并且按时向环境部长提交绿色采购报告。该法重点推进文具类、纸类、家电产品、汽车等特定产品的绿色采购，并且确定了地方政府部门、地方公共团体、公司企业以及国民的职责、权利和义务[②]。日本国会颁布的绿色采购法指出，政府机关可采用第三方认证体系或绿色产品信息系统作为采购绿色产品的参考准则。

关于绿色采购的基本方针，《绿色采购法》第6条规定了以下3个重点事项：（1）国家及独立行政法人等推进绿色采购的基本方向；（2）国家及独立行政法人应重点采购的环境商品等的种类（特定采购品种14类101种）及其判断标准；（3）推进其他环保型产品等的采购[③]。根据《绿色采购法》的上述基本方针，国家公务机关要制定每一年度环境商品的采购方针并及时予以公布，而且要将每一年度执行绿色采购的详细情况进行汇总和公布，同时还要报送环境大臣。对于规定范围内的特定采购品种，则要对其开发推广情况进行科学的分析与论证，做出是否进行追加或调整的判断。

11．我国实行绿色标志认证制度

我国于1993年5月成立了“中国环境标志产品认证委员会”并开始实行绿色标志认证制度，目前已经有了三个绿色标志，即中国环境标志、有机食品标志和绿色食品标志。

---

① 程永明：《日本的绿色采购及其对中国的启示》，载《日本问题研究》，2013（2）：45-50页。

② 邱晗：《绿色消费促进法律制度研究》，江西财经大学，2012。

③ 参见環境庁：国等による環境物品等の調達の推進等に関する法律，2017-03-15[2017-03-15]，http：//law.e-gov.go.jp/htmldata/H12/H12HO100.html。

12．中国六部门联合实施“三绿工程”

中国的绿色消费起源于1999年。这一年，财政部、卫生部等启动了“三绿工程”，注重引导市场的发展，号召消费者进行绿色消费。“三绿工程”强调按照绿色市场标准，搞好市场软硬件配套设施，利用各种手段整治假冒伪劣产品，加强质量的控制与监管[①]。

“三绿工程”要求，第十个五年规划这几年应当建成大批绿色市场，生产开发大批绿色食品，使得绿色产品在消费者所选购的商品中所占的比重不断上升，并将基础扎实的超市等选作推进绿色发展的试验基地，将中国的某些较大城市作为推行绿色消费的试点地区。这一系列措施对于推动绿色消费的不断发展具有重要作用。

13．美国设立“美国再循环日”

2000年11月美国总统克林顿宣布将11月15日定为“美国再循环日”。他指出：产品再循环不但可以节约资源和能源、降低水和空气污染、减少温室气体排放，而且还能够建立新的经济增长点，创造更多的就业机会。他呼吁美国商业机构致力于产品的再循环工作，鼓励消费者购买再循环产品，从而支持经济建设，改善环境[②]。

14．中国消费者协会命名“绿色消费”年

2001年中国消费者协会确定“绿色消费”年，这标志着中国消费者也加入了“绿色消费”的新潮流。消费者协会总结出绿色消费的三方面内容：首先，在选择商品时推动消费者主动挑选有利于生态环境保护的无公害的绿色食品；其次，不忽视对于垃圾和回收再利用，注重保护人类赖以生存的自然环境；最后，引导消费者在追求方便、舒适生活的同时，注重环境保护，重视资源和能源的节约，转变消费观念，以实现人类的可持续消费，即不仅满足当代人的需求和安全健康的需要，还要满足后代的需求和需要。

---

① 郭丹丹：《科学发展观背景下的绿色消费问题研究》，齐鲁工业大学，2013。

② 徐滨士，梁秀兵，李仁涵：《绿色再制造工程的进展》，载《中国表面工程》，2001（2）：1-6页。

15．中国启动绿色采购制度试点

2004年以来，中国在各地展开了绿色采购制度试点工作，试点城市包括青岛、重庆、贵阳、深圳等东、中、西部城市，取得了较好的操作经验。青岛市财政局、环境保护局于2005年12月31日联合发文，发布了青岛市《绿色采购环保产品政府采购清单》，成为中国第一个正式进入政府绿色采购实际操作的城市；贵阳市政府颁布了《贵阳市政府绿色采购管理办法》，以地方规章的形式保障政府绿色采购；2005年9月，重庆市财政局和工商联联合印发了《重庆市办公家具政府采购指导意见》，率先将办公家具纳入绿色采购的范围①。

16．中国发布《节能产品政府采购实施意见》

2004年12月，财政部、国家发改委联合制定了《节能产品政府采购实施意见》，要求在政府采购活动中增加节能要求，通过政府采购政策功能的实施，使政府机构优先采购节能产品，发挥政府表率作用，扩大节能产品市场规模，降低节能产品初始成本，促进节能技术进步，最终实现节能产品市场的繁荣。这是我国第一次明确要求政府采购应当优先采购节能产品，对于促进我国绿色政府采购具有重大意义②。

17．《仙台绿色采购宣言》的签署

2004年，在日本举行的第一次世界性国际绿色采购会议签署了《仙台绿色采购宣言》，强调了利用采购的影响力为低污染产品和供应商创建市场的重要性，鼓励各国政府机构积极实施绿色采购计划。

18．欧盟公布《政府绿色采购指南》

2004年3月31日，欧盟正式采用《政府绿色采购指南》。这一指南详细地介绍了像学校、医院、国家及地方政府这样的公众消费者在采购产品、著作和接受

① 刘庆：《构建中国政府绿色采购制度体系的探讨》，载《济南职业学院学报》，2009（5）：8-12页。

② 屈幼姝，斯琴塔纳：《促进循环经济发展的绿色政府采购政策研究》，载《理论探讨》，2008（3）：77-82页。

服务时，如何考虑环境因素[①]。如果采购者追求环境良好的产品、著作和服务，将有助于欧盟实现可持续发展目标。绿色消费提高了人们对绿色产品的需求，促进了绿色产品的生产，并有助于环保技术进入市场。同时，该指南重视能源的充分利用和节约，这对纳税人来说是有利的。在采购产品的整个程序的各个步骤方面，该指南举出了很好的实例并提供了建议。该指南要求所有当局应采取措施来保护环境，起到了鼓励官方交流实践经验以此来推动绿色采购政策的实施的作用。

19．韩国颁布《鼓励采购环境友好产品法》

韩国于 2004 年年底颁布了《鼓励采购环境友好产品法》，并于 2005 年 7 月实施。韩国实施政府绿色采购的目的是防止资源使用的浪费和环境污染，鼓励在国内经济活动中采购环境友好产品。

20．中国举办政府绿色采购国际研讨会

2005 年 6 月 28 日，由国家环境保护总局主办，国家环境保护总局环境认证中心承办的“政府绿色采购国际研讨会”在北京召开。本次研讨会的召开，旨在落实科学发展观，以可持续消费促进循环经济发展和构建环境友好型社会[②]。

21．中国发布《关于环境标志产品政府采购实施的意见》

2006 年 10 月 24 日，财政部、国家环保总局联合发布了《关于环境标志产品政府采购实施的意见》，意见要求从 2008 年 1 月 1 日起，在中国推行各级国家机关、事业单位和团体组织用财政性资金进行采购时，要优先采购环境标志产品，不得采购危害环境及人体健康的产品，并且附上了首批环境标志产品政府优先采购清单，增强了绿色采购的可操作性。

22．北京举办“绿色奥运”主题奥运会

在 2008 年奥运会期间，消费者协会向全体消费者发出倡议希望广大消费者从

---

① 杨荣：《欧盟发布绿色采购指南手册》，载《中国标准化》，2005（3）：21 页。

② 赵英民：《建立政府绿色采购制度促进循环经济发展》，载《环境保护》，2005（8）：61-63 页。

自身做起，自觉自主响应“绿色奥运”的号召，在日常消费活动中实现绿色消费，以弘扬人文奥运的理念，践行科技奥运的精神。

“绿色奥运”是北京2008年奥运会的重要主题，成为举世瞩目的焦点，绿色奥运的内涵之一就是采购环境友好型产品和服务，是试验示范中国政府绿色采购的好机会和平台。尤其是在北京的2008年奥运会筹办过程中，更加突出了绿色政府采购的理念，北京奥组委制定了《北京奥组委采购环境保护指南》，推出了绿色政府采购技术标准，为绿色采购进一步积累了经验。

23. 丹麦哥本哈根气候大会宣传绿色消费理念

2009年12月，丹麦哥本哈根召开了气候大会，政府的高度重视和媒体的广泛传播，使得气候变化、低碳经济、低碳生活等理念家喻户晓。低温、干旱、洪水等极端气候的频繁发生也使得各国消费者切身感受并充分认识到实行绿色消费的必要性，绿色消费理念在世界各国得到更为广泛的普及与宣传。

24. 绿色消费主题环境日

2012年，联合国环境规划署把第41个世界环境日的主题定为“绿色经济，你参与了吗？”。其目的在于引导人们将绿色经济的思想贯彻到日常生活中的点点滴滴，从而带动社会的良性转变，满足人口日益增长的消费需求。

中国环保部响应联合国倡导绿色经济的号召，将2012年的环境日主题定为“绿色消费，你行动了吗？”，以强调绿色消费理念，呼吁公众转变消费观念与行为，购买绿色商品，节约能源与资源，注重环保，共建绿色家园。

第四节　再制造

1. 美国海军成功将蒸汽护卫舰转化为铁船

1861年，美国海军成功将蒸汽护卫舰转化为铁船，再制造的概念及意识从此展开[①]。在美国此后100多年的发展过程中，无论是由于前期的经济萧条、资金匮乏，还是后期的环保要求，再制造都成为美国工业发展不可缺少的一部分。

2. 美国汽车再制造协会成立

1922年，汽车发动机再制造协会（Automotive Engine Rebuilders Association，AERA）成立，代表发动机行业、机械设备、零件和服务供应商的利益。AERA是非营利性贸易协会，主要服务于发动机的再制造、机器工厂、设备、零件及服务类供应商。该协会包括超过2 000个从事汽车零部件再制造会员单位，业务覆盖启动机、发电机、变速器、制动器、传动轴，以及众多客运汽车、货车、设备和工业用途的其他部件的再制造工作[②]。

1941年10月，R. A. Van Alen和Harry Lester在美国洛杉矶成立了汽车零部件再制造协会（Automotive Parts Remanufacturers Association，APRA）。目前，APRA是再制造领域中最大的协会，拥有2 000多个再制造公司会员。协会的业务不仅在于满足成员企业的需求，而是通过团队协作，提供优质的服务，以分享信息和专业知识[③]。

3. 罗伯特·隆德发布研究报告《再制造——美国的经验和对发展中国家的启示》

1984年，在世界银行的资助下，美国罗伯特·隆德（Robert. T. Lund）教授完成了《再制造——美国的经验和对发展中国家的启示》的研究报告，提到“再制造”的概念。自从这个概念提出，再制造产业迅猛发展。报告中介绍了美国进行再制造的企业和开展再制造的经验，并分析了一些第三世界国家再制造的应用前景，由此推动了再制造业的蓬勃发展[④]。

---

① 王佳，黎宇科：《美国汽车产品再制造产业浅析》，载《汽车工程师》，2012（2）：19-21页。

② 罗慧英，胡浩，曹旭，高凌翀：《无规矩不成方圆——探析国内外工程机械再制造政策法规及标准体系建设》，载《工程机械与维修》，2014（9）：42-47页。

③ 参见 The Automotive Parts Remanufacturers Association（APRA）网站，2017-03-15[2017-03-15]，https：//apra.org/? page=what_is_apra。

④ 张霁菁：《关于再制造机械零件的若干性能影响》，华东理工大学，2008。

4．国际再制造企业联合会成立

1997 年 1 月，国际再制造企业联合会（RICI）成立。RICI 的任务是通过制定政府公共关系条款、对国家政策的影响以及提供网络服务来联合和促进再制造企业的发展。工业联合会也对再制造的研究与发展起到了促进作用①。

5．美国罗切斯特理工学院建立全国再制造与资源保护中心

1997 年 5 月，美国罗切斯特理工学院建立了全国再制造与资源保护中心，该中心把研究成果运用于再制造企业及对再制造和资源保护技术感兴趣的企业，并向他们提供技术支持②。

6．美国波士顿大学发布研究报告《再制造业：潜在的巨人》

1996 年在美国 Argonne 国家实验室的资助下，波士顿大学制造工程学教授罗伯特·隆德（Robert T. Lund（领导的一个研究小组，对美国的再制造业进行了深入的调查，撰写了研究报告《再制造业：潜在的巨人》（*The Remanufacturing Industry：Anatomy of a Giant*）。这项研究建立了一个包含 9 903 个再制造公司的数据库，并随机抽选调查了其中的 1 003 个，获得了大量的有关年销售额、雇员人数、再制造产品种类等信息，其范围涉及汽车、压缩机、电子仪器、机械制造、办公设备、轮胎、墨盒、阀门 8 个工业领域③。在这些数据的基础上，研究小组认为，美国有超过 73 000 家再制造企业，直接雇员 48 万人，生产 46 种主要再制造产品，每年的销售额超过 530 亿美元，其中汽车零部件再制造达 360 亿美元，在动力车供货市场中 70%～90%是再制造产品。再制造业已经成为美国经济中的支柱产业之一④。

随后，隆德教授对美国的再制造业进行了深入调查，并于 2003 年和 2008 年发布了研究报告《再制造业：巨人的剖析》和《再制造：运营方式和策略》。

---

① 姚巨坤，时小军，崔培枝：《绿色再制造工业发展综述》，载《再生资源研究》，2007（5）：26-30 页。

② 《美国重视再制造》，载《领导决策信息》，1999（31）：13 页。

③ Robert. T. Lund：The Remanufacturing Industry：Hidden Giant，Boston University，1996。

④ 徐润生：《绿色再制造工程及其在电站中的应用前景》，载《京津冀晋蒙鲁电机工程》，2005：326-331 页。

7. 中国首次提出的“再制造”概念

1999年，中国工程院徐滨士院士在西安市召开的“先进制造技术国际会议”上作了《表面工程与再制造技术》的特邀报告，首次在中国提出“再制造”的概念①。

2000年3月，在瑞典哥德堡召开的第15届欧洲维修国际会议上，徐滨士院士发表了题为《面向21世纪的再制造工程》的会议论文，这是中国学者在国际维修学术会议上首次发表“再制造”论文②。

2007年，徐滨士提出：再制造是以机电产品的全寿命周期设计和管理为指导，以废旧机电产品实现性能跨越式提升为目标，以优质、高效、节能、节材、环保为准则，以先进技术和产业化生产为手段，对废旧机电产品进行修复和改造的一系列技术措施或工程活动的总称。简言之，再制造是对废旧产品高技术修复、改造的产业化。

8. 中国“再制造工程技术及理论研究”列为机械学科“十五”优先发展领域

1999年12月，在广州召开的国家自然科学基金委员会机械学科前沿及优先领域研讨会上，徐滨士应邀作了《现代制造科学之21世纪的再制造工程技术及理论研究》的报告，经国家自然科学基金委员会工程与材料学部机械学科发展前沿研讨会讨论，同意将“再制造工程技术及理论研究”列为国家自然科学基金机械学科发展前沿与优先发展领域。标志着再制造工程技术与理论的研究受到了国家自然科学基金委员会的重视和认可。这一研究于2002年获得了国家自然科学基金的重点资助。

9. 中国学者首次在国际维修学术会议上发表“再制造”论文

2000年3月，在瑞典哥德堡召开的第15届欧洲维修国际会议上，徐滨士院

---

① 廉阳：《中国“三跨越”：起步虽晚势头良好》，载《经贸实践》，2010（9）：37页。

② 徐滨士，朱胜，马世宁，刘世参，梁秀兵：《装备再制造工程学科的建设和发展》，载《中国表面工程》，2003（3）：1-6页。

士发表了题为《面向21世纪的再制造工程》的会议论文，这是我国学者在国际维修学术会议上首次发表“再制造”论文。

10. 中国工程院咨询项目《绿色再制造工程在我国应用的前景》研究报告引起了国务院领导的高度重视

2000年12月，中国工程院咨询项目《绿色再制造工程在我国应用的前景》研究报告引起了国务院领导的高度重视，并被批转国家计委、经贸委、科技部、教育部、国防科工委、铁道部、信息产业部、环保总局、民航总局等国务院领导机关参阅①。

11. 美国环境保护局发布《再制造材料建议公告》

2001年，美国环境保护局发布《再制造材料建议公告》，鼓励政府采购项目中优先选择再制造零部件。同时，严格规范再制造工艺的执行规范、再制造质量参数检测技术规范，出台《专利权终结法》，结束原制造商利用知识产权组织第三方再制造商对其产品进行再制造②。

12. 中国建立装备再制造技术国防科技重点实验室

2000年，在徐滨士院士争取下，装备再制造技术国防科技重点实验室在装甲兵工程学院组建。2001年5月，总装备部批准立项建设中国首家再制造领域的国家级重点实验室——装备再制造技术国防科技重点实验室，装备再制造工程得到了我军的高度重视。2002年4月，装备再制造国防科技重点实验室第一届学术委员会在北京召开，标志着实验室“边建设、边运行”阶段的开始。实验室于2003年6月正式投入使用。2003年装备再制造技术国防科技重点实验室通过验收，为中国再制造工程理论和技术研究奠定了坚实基础。

① 《“绿色再制造工程及其在我国的应用前景”列入中国工程院咨询项目》，载《中国表面工程》，2000（3）：7页。

② 李明，朱德米：《美英日等国家再制造业研究》，载《中国资源综合利用》 2014（32）：39-44。

13．我国启动首个关于再制造研究的基金重点项目

2002 年 10 月 18 日，国家自然科学基金委员会批准将中国人民解放军装甲兵工程学院徐滨士院士承担的“再制造基础理论与关键技术”课题列为国家自然科学基金重点项目，起始时间为 2003 年 1 月至 2005 年 12 月，协作单位包括：上海交通大学和中国科学院化学物理研究所。这是我国第一个关于再制造研究的基金重点项目[①]。

课题拟通过研究废旧零部件的失效环境，建立剩余寿命评估体系和模型，以初步奠定再制造设计理论基础。研究面向再制造的表面工程关键技术基础，包括材料制备与成形一体化技术、微纳米电刷镀技术、超音速等离子喷涂技术和自修复添加剂技术等再制造关键技术，并形成典型的应用示范，解决再制造中的关键技术，为废旧机电产品资源化提供技术支撑。该课题的开展将使再制造工程的研究水平上升到一个新的水平，为再制造工程在国民经济建设和国防建设中发挥重要作用奠定理论基础[②]。

14．中国工程院报告指出再制造是废旧机电产品资源化的基本途径之一

2003 年 12 月，中国工程院咨询报告《废旧机电产品资源化》完成，研究结果表明，废旧机电产品资源化的基本途径是再利用、再制造和再循环，其目标是使再利用、再制造的部分最大化，使再循环的部分最小化，使安全处理的部分趋零化[③]。

15．我国首届全国再制造工程学术会议

2004 年在济南召开了首届全国再制造工程学术会议，再制造所具有的巨大环境效益、经济效益、社会效益已经引起了各个领域的密切关注，越来越多的再制造企业开始涌现。据再制造领域专业人士估计，中国再制造业市场规模每年可达

---

① 徐滨士：《绿色再制造工程的发展现状和未来展望》，载《中国工程科学》，2011（13）：4-10 页。

② 梁秀兵：《“再制造基础理论与关键技术”课题获国家自然科学基金重点项目资助》，载《中国表面工程》，2002（4）：49 页。

③ 徐滨士：《中国再制造工程及其进展》，载《中国表面工程》，2010（23）：1-6 页。

100 亿美元。

16. 英国发布首个再制造研究报告

2004 年，英国咨询机构奥克迪恩·霍林斯（Oakdene Hollins）发布了英国首个再制造研究报告——《英国再制造业：可持续发展的重要助推器》[①]，对英国再制造业的总体状况以及参与再制造活动的主要行业部门加以评估。

17. 美国首次发文关注中国再制造

2004 年 9 月，美国再制造产业网站报道了一条题为“再制造全球竞争——中国正在迎头赶上”的新闻，首次对再制造在中国的发展状况进行了介绍，并且预言中国将成为美国在再制造领域最强劲的全球竞争对手[②]。

18. 我国高校设立首个再制造工程专业系

2004 年 12 月，经总装备部批准，装甲兵工程学院成立了 “装备再制造工程系”，这是我国高校中第一个再制造工程专业系[③]。

19. 中国启动首批再制造试点

2005 年 11 月，国家发改委等 6 部委联合发布了《关于组织开展循环经济试点（第一批）工作的通知》，其中再制造被列为四个重点领域之一，中国发动机再制造企业“济南复强动力有限公司”被列为再制造重点领域中的试点单位[④]。济南复强动力有限公司，成立于 1994 年，是中国第一家发动机再制造企业。当时主要采用英国再制造生产模式，专门从事斯太尔、桑塔纳、三菱、康明斯等各类型号发动机再制造。目前，该公司通过与装备再制造技术国防科技重点实验室合作，

① Oakdene Hollins：Remanufacturing in the UK：A Significant Contributor to Sustainable Development？，Resource Recovery Forum，2004。

② 再制造：潜力巨大的朝阳产业，2017-03-15[2017-03-15]，http：//finance.sina.com.cn/roll/20060904/0755902008.shtml。

③ 徐滨士：《再制造工程与纳米表面工程》，载《上海金属》，2008（30）：1-7 页。

④ 参见关于组织开展循环经济试点（第一批）工作的通知（发改环资〔2005〕2199 号），2017-03-15[2017-03-15]，http：//bgt.ndrc.gov.cn/zcfb/200511/t20051101_499570.html。

已将最新研发的装备再制造技术成果成功用于发动机再制造，显著提升了废旧发动机再制造水平和再制造率①。

20. ReMaTec 年度再制造奖

ReMaTec 是世界领先的再制造领域平台。ReMaTecNews 于 2005 年设立了年度再制造奖，是汽车和商用车辆再制造领域的最高荣誉，授予在汽车或重型再制造有杰出贡献的个人和企业。当今环保问题、资源节约、回收和环保责任备受公众关注，该奖项的设立旨在鼓励和表彰汽车再制造和重型再制造的巨大商业和环境效益。从 2005 年至今，获得这一奖项的企业、团队与个人有：

2005 年：Jens Lindholm 先生，Holger Christiansen 公司 CEO

2006 年：Alexander Schäfer 先生，MS Motor Service Int.公司前董事长

2007 年：Martin Detzen 先生，MD Rebuilt 公司创始人

2008 年：Johan van Gerven 先生，MRT Engines 公司所有人

2009 年：Carsen Bücker 教授，BU Drive Group 公司董事长

2010 年：Francois Augnet 先生，TRW 公司副总裁

2011 年：Philippe James 先生，Remy Automotive Europe 公司副总裁

2012 年：Doug Wolma 先生，Dana Corporation 公司副总裁

2013 年：Alan Smart 先生，ATP 公司创始人和董事长

2014 年：Jack Stack 先生，SRC Holding 公司创始人和董事长

2015 年：Søren Toft-Jensen 先生，Borg Automotive 公司创始人和董事长

2016 年：Rolf Steinhilper 教授和他带领的德国拜罗伊特大学再制造主席团

21. 中国将再制造技术列为未来优先支持的重点发展主题之一

2006 年 2 月，《国家中长期科学和技术发展规划战略研究报告（简版）》正式公布。该报告的第三专题《制造业发展科技问题研究》把“共性关键制造技术与

---

① 参见王德生：《再制造产业发展概述》，2017-03-15[2017-03-15]，http：//www.hyqb.sh.cn/publish/portal0/tab1023/info7451.htm。

再制造技术”列为制造业未来 15 年国家优先支持的重点发展主题之一[①]。

22. 再制造列入中国国民经济和社会发展规划纲要

2006 年，《国民经济和社会发展第十一个五年规划纲要》在循环经济示范试点工程中提出，“十一五”期间以再制造为重点领域之一，应建设若干汽车发动机、变速箱、电机和轮胎翻新等再制造示范企业[②]。

23. 美国卡特彼勒公司与中国政府签署再制造协议

在中国巨大的再制造市场吸引下，2006 年 10 月世界经济 500 强之一的美国卡特彼勒公司（Caterpillar Inc.）与中国政府签署协议，帮助促进中国再制造业的发展，重点是对废旧零件和机器设备进行再制造和回收利用[③]。美国卡特彼勒公司于 2006 年在中国上海成立了卡特彼勒再制造工业有限公司。

24. 机电产品回收利用与再制造被列为建设节约型社会的重点工程

2006 年 12 月，中国工程院咨询报告《建设节约型社会战略研究》中把机电产品回收利用与再制造列为建设节约型社会的 17 项重点工程之一[④]。

25. 英国成立再制造与再使用中心

2007 年，英国政府资助建立了再制造与再使用中心（CRR），由名为 Oakdene Hollins 的清洁技术和资源管理咨询公司运行[⑤]以在欧洲和全球范围内，与企业和政府组织开展合作，促进再制造和再使用。目前 CRR 已成为欧洲主要的再制造信息与研究中心。

---

① 徐滨士：《装备再制造与全寿命周期工程管理》，载《中国工程管理环顾与展》，首届工程管理论坛，2007：266 页。

② 参见《国民经济和社会发展第十一个五年规划纲要》，2017-03-15[2017-03-15]，http：//www.landchina.com/DesktopModule/BulletinMdl/BulContentView.aspx？BulID=59761。

③ 姚巨坤，时小军，崔培枝：《绿色再制造工业发展综述》，载《再生资源研究》，2007（5）：26-30 页。

④ 中国再制造产业发展历程，2017-03-15[2017-03-15]，http：//www.zjgreman.com/about/？137.html。

⑤ 参见艾伦阿瑟基金会网站，2017-03-15[2017-03-15]，https：//www.ellenmacarthurfoundation.org/ ce100/directory/crr-center-for-remanufacturing-reuse。

该中心为政府政策制定者、原始设备制造商（OEMs）、再制造产品的客户，以及再制造商提供信息咨询，并开发了用于评价产品可再制造性的软件支持工具[①]。主要业务包括：战略咨询、市场研究、业务开发、再制造过程的 BS8887-220 认证、碳足迹和环境影响研究、再生产品的公共采购。

26．美国波士顿大学教授阐述不同行业对再制造所采用的名称

相对于制造而言，再制造尚无一个统一的概念。美国波士顿大学再制造专家威廉·豪斯（William Hauser）教授与罗伯特·隆德（Robert. T. Lund）教授在其 2008 年的美国再制造行业管理观察报告《再制造——经营方式和策略》中对不同行业对再制造所采用的名称进行了阐述[②]，如在汽车零部件领域的再制造通常使用“Rebuilding”，激光打印硒鼓领域将再制造称为“Rechargers”，汽车轮胎的再制造商将再制造称为“Retreaders”，“Reconditioning”也是一个经常使用的词[③]。

27．中国发布《汽车零部件再制造试点管理办法》

2008 年 3 月 6 日，国家发改委发布《汽车零部件再制造试点管理办法》，该办法就再制造试点企业的管理、可再制造旧件的管理、再制造产品及市场流通的监督管理等 4 个方面做了规定。总体目标为：通过 2～3 年的试点，探索推进汽车零部件再制造产业发展的政策、管理制度和监管体系，开展国内旧汽车零部件交易和再制造产品销售等方面相关经验及应对措施研究，为相关管理政策和法规的调整提供依据，为建立再制造相关技术标准、市场准入条件、流通监管体系等积累经验[④]。

该办法确定了首批 14 家汽车零部件再制造试点企业，同时将开展再制造试点的汽车零部件产品范围暂定为发动机、变速器、发电机、启动机、转向器五类产品。该办法规定，暂不允许再制造企业从报废汽车拆解企业购买总成进行再制造；再制造产品原则上不得低于同类原产品新件的质量保修期；零部件再制造企业不

---

① 参见 The Centre for Remanufacturing and Reuse 网站，2017-03-15[2017-03-15]，http：//www.remanufacturing.org.uk。

② William Hauser and Robert. T. Lund：Remanufacturing：Operating Practices and Strategies，Boston University，2008。

③ 刘渤海：《再制造产业发展过程中的若干运营管理问题研究》，合肥工业大学，2012。

④ 参见《国家发展改革委办公厅关于组织开展汽车零部件再制造试点工作的通知》发改办环资〔2008〕523 号。

得回收或再制造未获得授权的其他企业的产品；再制造产品应进入汽车生产企业售后服务体系进行流通，不得直接向社会零售市场销售；再制造企业应获得可再制造旧件的原生产企业的商标使用权[①]。

28．奥克迪恩·霍林斯咨询机构发布《促进英国再制造业发展的政策方案》

2008年10月，英国咨询机构奥克迪恩·霍林斯（Oakdene Hollins）发布了《促进英国再制造业发展的政策方案》。这份政策报告将英国再制造业的政策目标确立为两个方面，即预防环境问题和提高资源的利用效率[②]。前者主要从减少废弃物的管理成本角度考虑，降低二氧化碳排放以及其他方面的环境影响；后者是鉴于资源稀缺背景下，考虑如何提高资源的可持续利用。对促进英国再制造业发展的政策干预，选了4个方面作为介入点，即激励废旧产品的回收；改变信息不对称的状态；鼓励技术知识在各相关企业之间的传播，促进废旧产品的拆卸和分类等活动；鼓励面向再制造的产品设计及减少政策失灵的现象。具体的政策方案包括经济工具的刺激、信息工具的使用、产品回收制度的完善等[③]。

29．英国发布标准定义再制造

2009年英国发布标准《基于生产、组装、拆解与报废产品处理的设计　第2部分：术语和定义》［*Design for manufacture，assembly，disassembly and end-of-life processing*（*MADE*）. *Part 2：Terms and definitions*］将再制造定义为：将使用过的产品至少恢复至原有性能，并确保其性能不低于新制造产品[④]。

30．再制造列入《中华人民共和国循环经济促进法》

2009年1月1日，《中华人民共和国循环经济促进法》开始施行，再制造列入循环经济法，其第四十条明确规定："国家支持企业开展机动车零部件、工程机

① 张建设：《〈汽车零部件再制造试点管理办法〉正式发布》，载《表面工程资讯》，2009（1）：18页。

② Oakdene Hollins：A Review of Policy Options for Promoting Remanufacturing in the UK，Resource Recovery Forum，2009。

③ 李明，朱德米：《美英日等国家再制造业研究》，载《中国资源综合利用》，2014（32）：39-44页。

④ Design for manufacture，assembly，disassembly and end-of-life processing（MADE）. Part 2：Terms and definitions. BS 8887-2：2009。

械、机床等产品的再制造和轮胎翻新。销售的再制造产品和翻新产品的质量必须符合国家规定的标准，并在显著位置标识为再制造产品或者翻新产品。”

31．中国发布国家标准定义再制造

2009年，中国国家标准计划项目《再制造术语》（项目编号：20091292-T-469）给出了再制造的定义：对旧产品进行专业化修复或升级改造，使其质量特性达到或优于原有新品水平的制造过程，其中质量特性包括产品功能、技术性能、绿色性、安全性、经济性等。

32．中国国家发展和改革委员会发布《关于推进再制造产业发展的意见》

2010年5月31日国家发展和改革委员会等11个部门公布《关于推进再制造产业发展的意见》，该意见将汽车再制造零部件的品种增加了四个，并就再制造技术创新、支撑体系、政策保障等做了说明。中国将以汽车发动机、变速箱、发电机等零部件再制造为重点，把汽车零部件再制造试点范围扩大到传动轴、机油泵、水泵等部件，同时，推动工程机械、机床等再制造及大型废旧轮胎翻新。该意见要求“落实节约资源和保护环境的基本国策，紧紧围绕提高资源利用效率，从提高再制造技术水平、扩大再制造应用领域、培育再制造示范企业、规范旧件回收体系、开拓国内外市场着手，加强法规建设，强化政策引导，逐步形成适合中国国情的再制造运行机制和管理模式，实现再制造规模化、市场化、产业化发展，努力将再制造产业培育成为新的经济增长点，推动循环经济形成较大规模，加快建设资源节约型、环境友好型社会。”

33．美国制定2010年国防工业制造技术的框架

再制造工程的研究已引起美国国防决策部门的重视。隶属于美国国家科学研究委员会的“2010年及其以后国防制造工业委员会”制订了2010年国防工业制造技术的框架，提出达到未来所需制造能力的战略①。其中，特别强调为延长武器

① 中国兵器工业第210研究所：《2010年及其以后的美国国防制造工业》，1999。

系统的使用寿命，国防部在改进制造能力上目前和将来的研究开发力量应重视如下领域：（1）在武器系统的维护、修理和升级等操作中应用先进生产工艺和生产实践；（2）在新的和现有的武器系统上引入技术；（3）机械和电子系统的自诊断；（4）新的再制造技术；（5）有利于延长使用寿命的设计方法。由此可见，美国国防委员会已经将系统性能升级、延寿技术和再制造技术列为目前和将来国防制造重要的研究领域，体现出其对再制造重要作用的认识。

34．中国发布《汽车零部件再制造产品的认证和标识管理办法》

2010 年工信部发布了《再制造产品认定管理暂行办法》和《再制造产品认定实施指南》，《再制造产品认定管理暂行办法》共分五章，其中第五条规定了认证的原则和申请认证的企业应具备的条件。再制造产品认定采取企业自愿认定的原则。第六条规定了企业认定时应提供的材料。第九条规定了认定机构应具备的条件和责任。第十条规定了认定的方式和时间要求。第十三条规定了通过认定的再制造产品，应在产品明显位置或包装上使用再制造产品认定标志。《再制造产品认定实施指南》比《再制造产品认定管理暂行办法》更详细，从组织管理、认定程序、认定标志与信息明示、异议处理、专家管理五个方面对再制造产品的认定做了更具体的规定①。

35．中国国家发展和改革委员会下发《关于深化再制造试点工作的通知》

2011 年 9 月由国家发改委下发《关于深化再制造试点工作的通知》（发改办环资〔2011〕2170 号），就第一批试点企业的验收、扩大再制造试点范围、对再制造企业的支持力度、对再制造企业的监管等方面做出了具体规定。其中第三部分重点说明了落实支持政策、完善优惠政策、鼓励技术研发、推广先进适用技术、完善服务体系、加大宣传推广等措施。

36．中国发布汽车零部件再制造产品技术规范和工艺标准

国家质检总局、国家标准委于 2012 年 9 月发布，主要有三个：《汽车零部件

① 方志贤：《中国报废汽车回收利用及零部件再制造相关政策和标准的综述》，载《汽车零部件》，2004（1）：81-85 页。

再制造产品技术规范　起动机》（GB/T 28673—2012）；《汽车零部件再制造产品技术规范　交流发电机》（GB/T 28672—2012）；《汽车零部件再制造产品技术规范转向器》（GB/T 28674—2012）。其中《汽车零部件再制造产品技术规范起动机》和《汽车零部件再制造产品技术规范　交流发电机》规定了再制造的术语和定义、拆解、分类、清洗、检测与修复、装配、性能要求和试验方法、检验规则、包装和标识等。《汽车零部件再制造产品技术规范　转向器》规定了齿轮齿条式、循环球式机械和液压助力转向器再制造术语和定义，拆解、分类与清洗，检测与修复，总成装配要求，性能要求和试验方法，检验规则，标识与包装等。本标准适用于齿轮齿条式、循环球式机械和液压助力转向器的再制造。

2012 年 9 月，国家质量监督检验检疫总局、国家标准化管理委员会批准了《汽车零部件再制造　拆解》（GB/T 28675—2012）、《汽车零部件再制造　分类》（GB/T 28676—2012）、《汽车零部件再制造　清洗》（GB/T 28677—2012）、《汽车零部件再制造　出厂验收》（GB/T 28678—2012）、《汽车零部件再制造　装配》（GB/T 28679—2012）五个标准文件。

37. 美国国际贸易委员会发布《再制造产品：美国及全球再制造业、市场和贸易综述》

2012 年 10 月，美国国际贸易委员会（United States International Trade Commission）发布了长达 284 页的调研报告——《再制造产品：美国及全球再制造业、市场和贸易综述》。报告对美国再制造业的总体发展状况、再制造产业的主要部门，以及欧盟、巴西、印度和中国等国的再制造业概况进行了全景式研究[①]。此次调研的目的正是在评估现有再制造业市场规模和影响的同时，为美国再制造业下一步的发展提供政策咨询。

这份报告认为，美国的再制造业活动在全球规模最大，从 2009 年到 2011 年，美国再制造业创造的价值增长了 15%，达到了至少 43 亿美元（32 欧元），创造了 180 000 个全职就业岗位。报告显示，美国再制造产业主要包括：航空航天、消费

① I.A. Williamson，D.R. Pearson，S.L. Aranoff，D.A. Pinkert，D.S. Johanson，M.M. Broadbent：Remanufactured Goods：An Overview of the US and Global Industries，Markets and Trade，United States International Trade Commission，USITC Publication，2012。

品、电气设备、重型越野设备、信息技术产品、机车、机械、医疗设备、汽车零部件、办公器具、餐厅设备以及废旧轮胎等。

目前，美国和欧洲的再制造市场最为成熟，其他国家由于相关监管制度不完善、进口限额，以及至今仍缺乏一个共同的标准来界定再制造商品，再制造市场因而受到了一定程度的限制，不过这些国家也开始发展本国的再制造业。

再制造业在 IT 领域，通过对再制造行业行为的分析，报告指出，企业更倾向去销售而不是去自行制造和再生 IT 产品。数据显示选择生产两者的不到 40%，而选择销售再制造产品和新品的企业几乎达到了 90%。

调查报告进一步指出，IT 产品的再制造地点通常接近目标市场，以此来减少采购核心支出和商品的运输成本，提高企业对市场变化的反应力和适应力。再制造产品也往往会被区域性地出口，与再制造产品不同，新产品更多的是面向全球范围的。

38. 英国绿色联盟发布《建设资源可持续的英国》报告

2013 年 7 月，英国独立的咨询机构绿色联盟下属的循环经济工作组发布了咨询报告《建设资源可持续的英国》（*Resource Resilient UK*）。报告指出，过去 5 年来，资源安全议题引起了英国上下的广泛重视，而资源安全议题与环境议题密不可分。无论是水资源的短缺，还是石油等能源价格的上涨，以及土地资源的限制，都向可持续发展议题提出挑战。通过大量的案例调研，该研究团队认为，再生利用和再制造是解决资源短缺问题的根本举措，也就是发展循环经济。实现再生利用和再制造并不能单纯依靠企业或者政府，而需要伙伴关系，共同将资源安全的风险传递给社会公众；促进政府—社会—企业的合作关系；促进循环经济体系的设计。

39. 中国实施“以旧换再”试点

2013 年 7 月 4 日，发改委、财政部等联合发布《再制造产品“以旧换再”试点实施方案》，支持再制造产品的推广使用。该方案主要内容包括：实施范围和补贴方式、推广产品应具备的条件、推广企业应具备的条件、选定企业的方式及资金拨付方式。推广产品应具备的条件包括：出厂再制造产品质量达到原型新品标准，具备由依法获得资质认定（CMA）的第三方检测机构（或原型产品制造授权方）出具的性能检测合格报告，产品合格证的质保期不低于原型新品；价格竞争力强，产品扣除旧件后的置换价格不超过原型新品的60%；节能节材效果良好，再制造产品的再制造率（按重量计）达到65%以上；质量性能可靠，再制造产品有明确的生产标准和规范，已发布国家标准的，应当执行不低于国家标准的生产标准；符合法律要求，使用明确的再制造产品标识；具有唯一可识别且不可消除涂改的物品编码等可追溯标识，外包装和本体上按要求加贴“再制造‘以旧换再’推广产品”标识和字样；公开征集公告规定的具体产品其他要求。

40．欧盟建立再制造网络

2015 年 3 月，英国碳基金会呼吁英国建立自己的再制造卓越实验室。2015 年 5 月欧盟委员会组建了欧盟再制造网络（ERN），以在整个欧盟宣传再制造，鼓励新企业从事再制造，帮助现有的再制造企业改善他们的运行模式以及提高再制造的社会知名度[①]。这个项目为保证欧洲再制造商在全球市场上的竞争力，维护欧洲的利益，缺少制造原材料以及提高欧洲贸易平衡提供了一个跳板[②]。

欧盟再制造网络是欧盟地平线 2020 计划（Horizon 2020）出资 150 万欧元设立的项目，目的为促进企业与政策制定者紧密合作以增大需求，并扫除在资源利用效率面前的障碍[③]。欧盟再制造网络由如下单位组成的国际再制造专家组管理，包括：苏格兰的斯特拉斯克莱德大学、瑞典林雪平大学、德国夫琅和费研究所、法国格勒诺布尔理工学院、芬兰技术研究中心、荷兰代尔夫特理工大学及荷兰循环经济公司。

41．美国通过《联邦汽车维修成本节约法案》

2015 年，美国两党《联邦汽车维修成本节约法案》获得通过且立法，并于 10 月 7 日由奥巴马总统签署生效。该法案旨在通过再制造产品的使用减少联邦车队

① 《欧盟启动新的再制造网络》，载《表面工程与再制造》，2015（3）：73 页。

② 参见 The European Remanufacuturing Network 网站，2017-03-15[2017-03-15]，www.remanufacturing.eu/。

③ 参见 therecycler 网站，2017-03-15[2017-03-15]，http://www.therecycler.com/posts/european-remanufacturing-network-launched/。

运营和维护成本，据估计，这项法案可能会对每年十亿美元的汽车零部件维护换件费用支出节省高达 50%。它要求各联邦机构的负责人，“如果使用再制造汽车零部件可以在保证质量的同时降低车辆维修成本，就应当鼓励使用此类零部件对联邦车辆进行维修”。

这项立法不仅有助于直接推动再制造活动，同时也进一步强化了对于再制造的定义和认识，人们经常将再制造与维修、废旧或者“二手”产品相混淆。新法案明确规定，“再制造汽车零部件”是指：通过一个包含技术规范（包括工程、质量和测试标准）的标准化工业流程，将一个汽车零部件（包括发动机、变速箱、起动机、发电机、涡轮增压器、转向器，或者悬架部件）恢复至与新品等同甚至更好的状态和性能，并给予充分的质量保证①。

42. 徐滨士院士成为首位入驻世界再制造名人堂的华人

2016 年 5 月 24—25 日，由再制造技术国家重点实验室主办的世界再制造最高水平学术会议——“2016 世界再制造峰会”在北京召开，《再制造技术》（ReMaTec）主编 William Schwarck 先生为再制造技术国家重点实验室名誉主任徐滨士院士颁发世界再制造名人堂证书，以表彰徐院士为全球再制造做出杰出的、全球公认的重要贡献，徐院士成为首位入驻世界再制造名人堂的华人。会议期间召开了“中英再制造高层论坛暨中国繁荣基金项目汇报会”，欧盟再制造联盟主任 David Fitzsimons 为徐滨士院士颁发证书，以表彰徐院士对全球再制造的发展所做的杰出贡献②。

---

① 参见《美国通过再制造法案》，2017-03-15[2017-03-15]，http：//www.zs-ah.com/index.php？m=content&c=index&a=show&catid=98&id=13325。

② 朱胜：《徐滨士院士入驻世界再制造名人堂》，载《焊接》，2016（6）：3 页。

第四章　循环经济的中观实践

第一节　生态工业园

1．美国成立首家废物交换机构

1973 年，美国成立了第一家废物交换机构——加利福尼亚废物零排放系统（Zero Waste System）[①]，由政府机构牵头设立和提供最初的经费支持，属于非营利性组织，只提供信息服务，不参与具体的交换过程。随着废物交换活动的深入，美国的废物交换机构也开始关注相互间信息的共享及合作[②]。

2．世界上第一个生态工业园

1982 年，丹麦建立了世界上第一个生态工业园——卡伦堡（Kalunborg）生态工业园，该园区被认为是国际上最成功的生态工业园，也是以重污染企业为核心的生态工业园的成功案例。该园区以发电厂、炼油厂、制药厂和石膏制板厂为核心企业，把一家企业的废物或副产物作为另一家企业的投入或原料，通过企业间的工业共生和代谢生态群落关系，建立“纸浆—造纸”“肥料—水泥”等工业联合体。发电厂以炼油厂的废气为燃料，与炼油厂共享冷却水；发电厂煤炭燃料的副产物可用于生产水泥和修路材料；发电厂的余热可为养鱼场和城里的居民住宅提

① A Review of Industrial Waste Exchange，United States Enviromental Protection Agency，1994。

② R. R. Heeres，W. J. V. Vermeulen and F. B. de Walle：Eco-industrial park initiatives in the USA and the Netherlands：first lessons，Journal of Cleaner Production，2004，12（8-10）：985-995。

供热能[①]。该园区以闭环方式进行生产的构想，要求各个参与厂家的输入和产品相匹配，形成一个连续的生产流，每个厂家的废物至少是另一个合作伙伴的有效燃料或原料。同时，对各参与方来讲，必须具备经济效益，如节省成本等，最终实现园区的污染“零排放”。

据统计，卡伦堡生态工业园每年炼油厂节约用水 120 万 m^3，药厂的废水处理后有 90 万 m^3 可替代淡水供应，电厂使用炼油厂的排故火焰节煤 3 万 t，节油 1.9 万 t，制药厂 100 万 m^3 的水处理废渣原需填埋或填海而改作有机肥等。由此产生的效益每年为 1 000 万美元，取得了巨大的经济效益和环境效益。

3．英国建立废物交换俱乐部

20 世纪 90 年代初，英国开始了废物最小化的尝试[②]。废物最小化俱乐部（Waste Minimization Clubs，WMCs）作为废物最小化的有效载体和实现方式在英国得到了迅速的推广。这些废物最小化俱乐部不仅在废物减量化方面成果斐然，而且也为企业削减了能耗、水耗，降低了生产成本和废物处理成本[③]。

4．中国开展废物交换试点

中国开展废物交换方面的工作始于 20 世纪 90 年代前后。1992 年，国家环保局首先在上海和沈阳开展废物交换试点，并在 1993 年 4 月又将试点单位扩大至全国 17 个不同类型的城市[④]。同时颁布了《废物交换试点工作实施方案》，提出了废物交换基础、交换类型和方案选择、交换程序、试点要求等。

5．美国靛蓝发展研究所提出生态工业园的概念

生态工业园（Eco-Industrial Park）概念的提出可以追溯到美国靛蓝发展研究

① 徐大伟，王子彦，谢彩霞：《工业共生体的企业链接关系的分析比较——以丹麦卡伦堡工业共生体为例》，载《工业技术经济》，2005（24）：63-66 页。

② Paul S. Philips，Rachel M. Pratt and Karen Pike：An analysis of UK waste minimization clubs：Key requirements for future cost effective developments. Waste Management，2001，21（4）：389-404。

③ 陈波，石磊：《中国生态工业园区废物交换系统的功能框架及原型开发》，载《环境科学与管理》，2008（1）：161-165 页。

④ 叶子端：《废物交换制度浅析》，载《中国环境管理》，2004，23（6）：4-6 页。

所（Indigo Development）的内斯特·罗威（Ernest Lowe）教授，他将生态工业园定义为：一个由制造业企业和服务业企业组成的企业生物群范[①]。它通过包括能源、水和材料这些基本要素在内的环境与资源方面的合作来实现生态环境与经济的双重优化和协调发展，最终使该企业群落寻求一种比每个公司优化个体表现就会实现的个体效益的总和还要大很多的群体效益。生态工业园区的目标体现在：（1）设法将人类系统与自然系统进行充分的结合；（2）减少对能源和材料的使用；（3）减少工业活动对自然系统可承受程度产生的生态影响；（4）保护自然系统的生态可靠性；（5）确保人们满意的生活质量；（6）维持工业、贸易和商业系统的经济可靠性。

此外，更值得指出的是生态工业园之所以具有吸引力，在于它为企业带来巨大经济效益的同时也为自身和周边社区带来巨大的环境效益，它将环境保护与企业和社区利益有机地结合在一起，使各参与主体均从环境保护中获得利益，这也是生态工业园之所以能够在世界各地推广开来的主要原因。

6．美国环保局建立国家物质交换网络

1993 年，美国环保局建立了国家物质交换网络（National Material Exchange Network，NMEN），提供全国性的基于计算机网络的废物交换信息服务，并鼓励各个地域性的废物交换网络与其接轨，以降低建设与运营成本，方便不同地域间的信息交换。

7．美国组建生态工业园区特别工作组

1993 年 6 月 29 日，美国成立了可持续发展总统委员会（President’s Council on Sustainable Development，PCSD）。PCSD 下设了一个“生态工业园区特别工作组”，负责生态工业园区的试点和推广工作。1995 年，为了研究如何将工业生态园区从理论模型引入到具体的实践中，PCSD 指定了四个示范区进行实际应用研究，包括：弗吉尼亚查尔斯角生态工业区、马里兰州巴尔的摩生态工业园区、得克萨斯州布郎斯维尔生态工业园区和田纳西州查塔努加生态工业园区[②]。

① 参见 indigodev 网站，2017-03-15[2017-03-15]，http：//www.indigodev.com/Handbook.html。

② 许文来：《基于循环经济的工业园区生态产业链构建研究》，西南交通大学，2007。

1996 年美国总统可持续发展理事会发布的报告中从两个方面定义了生态工业园[①]，报告认为“生态工业园是一种相互合作和与当地社区合作以高效地分享资源（信息、材料、水、能源、基础设施和自然环境），获得经济和环境质量的改善，同时强化自己和当地社区人力资源的商业群落”。“生态工业园是一个旨在让能源和原材料消耗最小化、废物排放量最小化并建立可持续的经济、生态和社会关系的有计划的物质和能源交换的工业系统”。

美国总统可持续发展委员会在1996年10月17—18日在弗吉尼亚州召开了有关工业生态学的重要研究领域——生态工业园的工作会议，对生态工业园的定义、建设原则、美国生态工业园实践的情况作了研讨。

8. 科特和霍尔从园区运作目标的角度定义生态工业园

1995 年，科特（Cote）和霍尔（Hall）从生态工业园的运作目标角度定义，指出“生态工业园是一个工业系统，它保存着自然和经济资源；并减少生产、物质、能量、风险和处理的成本与责任；改善运作效率、质量、工人的健康和公共形象；而且它还提供废物利用和销售获利的机会[②]。”

9. 生态工业园之父首次描述生态工业园定义

1997 年被誉为生态工业园之父的美国可持续发展公司首席科学家的内斯特·罗威（Ernest Lowe）先生，首次对生态工业园的定义进行了描述：生态工业园是建立在一块固定地域上的由制造企业和服务企业形成的企业社区[③]。在该社区内，各成员单位通过共同管理环境事宜和经济事宜来获得更大的环境效益、经济效益和社会效益。整个企业社区将能获得比单个企业通过个体行为的最优化所能获得的效益之和更大的效益。

---

① 王震，石磊：《国内外生态工业园实践及其最新研究进展》，载《第二届中国循环经济与生态工业学术研讨会暨中国生态经济学会工业生态经济与技术专业委员会 2007 年年会论文集》，南京，2007：340-344 页。

② 吴志军：《中国生态工业园区发展研究》，载《当代财经》，2007（11）：66-72 页。

③ 商华：《工业园生态效率测度与评价》，大连理工大学，2007。

10．内斯特·罗威归纳6种生态工业园的循环经济发展模式

国内外研究者在总结循环经济成功经验的基础上，都试图对循环经济的发展模式进行归纳。内斯特·罗威（Ernest Lowe）将其归纳为6种：无排出（ex-nihilo）模式、核心企业模式、商业模式、材料/能源流模式、商业流模式、再开发模式[①]（表1）。

表1　发展循环经济的模式类型

模式类型	方法	发起人
ex-nihilo模式	基于绿色区和“无排出”设计生态工业园	公众实体 开发商
核心企业模式	鉴别一个已经存在和感兴趣的“核心企业”，建立一个为“核心企业”提供材料或者使用副产品的网络，设计一个补充“核心企业”的生态工业园	公众实体 开发商 企业
商业模式	吸引一些感兴趣的土地拥有者，新开发一个区域，然后帮助建立联系网络	开发商
材料/能源流模式	分析一个已有工业系统的材料/能源流，通过建立使用者之间的补偿网络创建一个虚拟生态工业园	公众实体 开发商企业
商业流模式	以上提到模式的组合：分析已有系统的物资流，对一个可利用的开发区域建立使用者之间的网络，同时吸引其他需要的企业	公众实体 开发商企业
再开发模式	分析一个完全开发工业园的材料与能源流、沟通障碍和可能的合作，提高工业园的环境绩效，清除过去的污染，提出改善的可能性和促进沟通和合作	公众实体 企业园区管理者

11．日本最早的生态工业园区

日本是亚洲第一个开展循环经济社区项目的国家，这些项目包括生态城镇、

① Lowe E.：Eco-industrial parks：A foundation for sustainable communities positive alternatives，Centre for economic conversion，Mountain View，CA. 1997。

产品管理和企业社会责任。日本于 1997 年始，在“零排放工业园”的基础上，通过在区域层面建立企业间的工业代谢和共生关系，开始规划和建设生态工业园区。日本最早的生态工业园区是藤泽（Fujisawa）生态工业园区，它由 EBARA 公司发展而来，作为零排放的发起者之一，该公司将其 35 万 m^2 的藤泽工业园区变成一个完全意义上的生态工业园区①。

藤泽生态工业园区属于现有改造型，由日本 EBARA 公司改造而成，日本 EBARA 公司成立于 1912 年，是一家高科技机器制造、精密电子设备和环保设备制造企业。20 世纪 80 年代，日本的环境工程公司开始实现从末端治理到废物的减少和非物质化的转化，EBARA 公司开始制订将整个公司转化成生态工业园区的计划；到目前为止，藤泽生态工业园区的基础设施完善，可以保证所有的工厂、住户、零售商店和农业区完全利用废物，并且在内部废物循环利用和再使用的基础上，建立了一个闭合的经济系统。

藤泽生态工业园区由 EBARA 公司独立投资和独立经营，虽然它与联合国大学和零排放研究机构合作，但是后者只提供信息资源，整个计划由 EBARA 公司上层管理者提出。藤泽生态工业园区的独特性，在于整个园区由 EBARA 公司拥有和管理，所有的废物交换都在 EBARA 公司下属企业之间进行，整个流程为 EBARA 公司所管理。

12. 日本政府提出“环保城区”工程

1997 年 7 月，日本政府正式提出了“环保城区”（ECO-TOWN）工程。这项工程的宗旨是“堵住废物源头，推进废物利用，靠环境产业振兴区城经济发展，创造资源循环型社会”。发展静脉产业是日本建立循环型社会的重点领域和切入点，也是日本为发展循环型社会树立的典型示范②。

日本从 1997 年开始即在“零排放工业园”基础上规划和建设生态工业园区，并把它作为建设循环型社会的重要举措。日本政府现已先后批准建设了 23 个生态工业园区，这些生态工业园区由环境省会同经济产业省根据废物产生种类和数量以及经济运送距离，综合考虑地方政府的积极性和当地环境要求而批准设立。

---

① 文娱，钟书华：《日本生态工业园区建设的特点及发展趋势》，载《科技与管理》，2006（1）：1-3 页。

② 李超：《日本循环经济研究》，吉林大学，2008。

13．世界最早的静脉类生态工业园

北九州生态园是日本第一个，同时也是世界最早的静脉类生态工业园。该园创建于 1997 年，由当时的日本通商产业省（经济产业省）和环境省共同出资建设[①]。项目创建的基本理念就是实现“零排放”，它的建设目标有两个：一是充分利用九州地区雄厚的制造业基础培育静脉产业，最终刺激当地经济的发展；二是创建与环境和谐的综合体系，将工业、公共部门及消费者联系起来，在该地区建立一个资源循环社会。根据建设规划，北九州生态园包括三个功能区：综合环境产业区、应用研究区和响再生资源加工区。

北九州生态工业园区由综合环保联合企业、响（Hibiki）再生利用工厂区、响滩东部地区、循环利用专用港等组成。其综合环保联合企业系开展有关环保产业的企业化项目的区域，将通过各个企业的相互协作，推进区域内零排放型产业联合企业化，成为资源循环基地。主要的静脉产业包括：塑料瓶再生项目、办公设施再生项目、汽车再生项目、家电再生项目、荧光灯管再生项目、医疗器具再生项目、建筑混合废物再生项目、有色金属综合再生项目[②]。

14．中国实施“中国工业园区的环境管理研究项目”

为推进中国生态工业园区的发展，1999 年 10 月，国家环境保护总局和联合国环境规划署决定组织实施“中国工业园区环境管理项目”，先后在大连开发区、天津开发区、烟台开发区和苏州新区开展包括区域清洁生产、紧急事故响应系统、副产品交换等主题在内的示范活动，取得了很好的效果[③]。

15．中国启动生态工业示范园区建设试点工作

国家环境保护总局从 1999 年开始启动生态工业示范园区建设试点工作，并在

① 刘姝含：《日本静脉产业的发展与启示》，载《东方企业文化·远见》，2011 年 6 月，118-119 页。

② 林健，吴妍妍：《日本生态工业园探析——以北九州生态工业园区为例》，载《华东森林经理》，2008（22）：53-57 页。

③ 刘卫星，于丽英：《中国高新区循环经济发展模式研究——以苏州高新区为例》，2007 年中欧循环经济高端论坛暨中国与欧盟循环经济论坛. 2007：283-289 页。

“十五”期间准备建立一批国家级生态工业示范园区[①]。项目旨在吸收和借鉴发达国家工业园区环境管理经验的基础上，结合中国实际情况，项目选择了“大连经济技术开发区”“苏州高新技术产业开发区”“天津经济技术开发区”以及“烟台经济技术开发区”等 4 个工业园区作为试点。这 4 个工业园区于 2004 年 4 月和 11 月均通过了国家环保总局的批准命名。

16. 联合国开发计划署资助开展 PRIME 项目

亚洲最早的生态工业试验之一是为菲律宾马尼拉南部的 5 个工业园区服务的生态工业网，这个生态工业园项目得到了联合国开发署的资助，项目被称为 PRIME，于 2000 年启动，从在一个工业园创建副产品交换开始，逐渐扩大到 5 个园区，并研究创建资源回收工业园的可行性，以增加园区企业使用副产品的可能性[②]。PRIME 项目的目标是通过对 5 个工业园进行生态化改造，建立一个园区间副产品交换和资源循环系统。通过建立信息网络，使得园区内企业间能彼此便捷沟通可直接获得最终顾客的信息，同时也为加强国际交流、技术合作和开拓市场提供有力的支持[③]。另外，菲律宾的生态工业园和当地社区有非常好的合作关系，园区项目通常会包括一些为社区带来各项综合利益的项目，增强园区企业、政府、当地居民之间的合作。

17. 中国建立首个生态工业园

广西糖业基地之一的贵港市于2001年6月在国家环保总局的支持下明确提出要采用生态工业园区建园的思路。2001 年 8 月 31 日国家环境保护总局正式确认了“广西贵港生态工业（制糖）园区”并予以挂牌昭示，成为中国首个生态工业园[④]。

园区以贵糖（集团）股份有限公司为核心，以蔗田、制糖等 6 个子系统为框架，通过盘活、优化、提升、扩展等步骤，建立贵港国家生态工业（制糖）示范

---

① 于现荣：《生态工业园区理论与实践》，浙江大学，2005。

② 路超君，乔琦：《发展中国家生态工业园建设对中国的启示》，载《环境保护》，2007（24）：65-67 页。

③ 参见 indigodev 网站，2017-03-15[2017-03-15]，www.indigodev.com/documents/ADBHBCh7Policy.doc。

④ 《贵港国家生态工业（制糖）示范园区成立》，载《中国糖料》，2001（4）：21 页。

园区。在园区内，这 6 个系统关系紧密，通过副产物、废物和能量的相互交换和衔接，最终形成了“甘蔗—制糖—酒精—造纸—热电—水泥—复合肥”这样一个多行业闭合的、综合性的链网结构。

18．中国发布《生态工业示范园区规划指南（试行）》

2003 年，国家环保总局印发了《国家生态工业示范园区申报、命名和管理规定（试行）等文件的通知》（环发〔2003〕208 号）将生态工业示范园区定义为：“生态工业示范园区是依据清洁生产要求、循环经济理念和生态工业学原理而设计建立的一种新型工业园区。它通过物流或能流传递等方式把不同工厂或企业连接起来，形成共享资源和互换副产品的产业共生组合，使一家工厂的废弃物或副产品成为另一家工厂的原料或能源，模拟自然系统，在产业系统中建立‘生产者—消费者—分解者’循环途径，寻求物质闭环循环、能量多级利用和废物产生最小化。”

国家环保总局在 2003 年 12 月公布的《生态工业示范园区规划指南（试行）》中，将中国生态工业园示范区分为以下两种类型：（1）具有行业特点的生态工业园区，如广西贵港国家生态工业（糖业）示范园区；（2）具有区域特点的国家生态工业示范园区，如对现有经济技术开发区和高新技术开发区改造的生态工业园区。

19．中国设立废物信息交换平台

从 2004 年起，中国开始了废物信息交换平台建设方面的尝试。这一年，沈阳市建立了废物交换网站；天津经济技术开发区也在欧盟的支持下成立了“废物最小化俱乐部”，并开通了网站，负责企业废物信息的收集和发布[①]。

20．中国浙江省发布《关于印发浙江省各类工业园区、生态工业园区环境保护考核指标体系（试行）的通知》

2004 年，浙江省环保局发布了《关于印发浙江省各类工业园区、生态工业园区环境保护考核指标体系（试行）的通知》（浙环发〔2004〕68 号），其中将生态

---

① 陈波，石磊：《中国生态工业园区废物交换系统的功能框架及原型开发》，载《环境科学与管理》，2008（1）：161-165 页。

工业园区定义为“生态工业园区是依据循环经济理论和生态工业学原理设计而成的一种新型工业组织形态，它是生态工业的重要实践形式，同时也是工业园区的高级形式，生态工业园区遵从循环经济的减量化、再使用、再循环的“3R”原则，通过实施清洁生产和成员之间的副产物与废物交换、能量和废水的逐级利用、基础设施的共享，来实现园区在经济效益、社会效益和环境的协调发展”。

21．中国首个“虚拟型生态工业园区”

福建省三钢（集团）有限责任公司（以下简称“三钢公司”）是福建省最大的钢铁联合企业。钢铁行业具有制造链长、吞吐量大、消耗高和污染排放大的特点。按照传统的发展方式，随着生产规模的扩大，必将伴随着资源、能源的大量消耗和各种污染物的急剧增加。而循环经济则根据生态学规律，利用“资源—生产—消费—再生资源”的反馈流程，实现“低开采、高利用、低排放”目标。为此，2004年，三钢公司领导层大胆创新发展理念，在充分考虑了资源、能源供给状况和企业自身情况后，率先提出发展循环经济，建设生态型钢厂的战略思路，提出了建设中国首家“虚拟型生态工业园区”的设想①。

虚拟型生态工业园区与实体型生态工业园区的不同在于，后者成员间在地理位置上聚集于同一地区，可以通过管道设施进行成员间的物能交换，前者则不以地理位置上的毗邻为局限，而是由园区内和园区外的企业共同构成一个更大范围的工业生态系统，利用现代信息技术，首先在计算机网络上建立起成员间的物、能交换联系，然后再在现实中加以实施。它可以省去建园所需的昂贵购地费用，避免进行困难的工厂迁址工作，具有更大的灵活性。

以三钢为核心的沙溪河沿岸“虚拟型生态工业园区”，就是按照循环经济产业链的要求，以三钢公司为主体，串联流域、区域内的相关企业，将三钢公司生产中的各种钢铁制品、矿渣、煤气、氧气、水和能量进行系统集成，实现区域的“热电联产、集中供气、余热回用”，组成一个结构与功能协调的生态钢铁工业系统。

系统内各企业共享交通运输、信息服务、通信设备、电力输送等基础设施，达到资源、能源、投资和利润的最优化，形成钢铁物料链、气链、水链、能量链、

① 《引入循环经济理念三钢打造国内首个“虚拟型生态工业园区”》，载《绿色视野》，2005年9月，26-27页。

社会服务链等循环系统。园区内的生态钢铁系统将包括钢铁冶金、钢铁产品深加工、建材、发电、房地产开发等五大产业。

22．英国启动世界首个国家层面的生态工业项目

英国在生态工业项目的发展中走在世界的前列，2005年它启动了世界上首个国家层面的生态工业项目，及国家工业共生项目（National Industrial Symbiosis Programme，NISP）[①]。而且这一项目的建设也得到了英国政府（和当地政府）的大力支持。这个项目首先由国际协同公司（International Synergies Ltd）来负责运营，这家公司的运营经费得到了政府的支持。当地政府从垃圾处理税费中提取一部分资金供给该公司运作。这家公司同时也承担着该生态工业项目关键种企业的角色，通过向其他企业推介废物循环利用项目、清洁能源生产项目及其他一些生态化项目，国家工业共生项目得到了快速的发展。在该公司以及政府机构、当地各类社会组织的共同努力下，越来越多的优秀人才被吸引到国家工业共生项目的建设中来[②]。

23．中国国家环保总局发布三类生态工业园区试行标准

2006年国家环保总局发布的《行业类生态工业园区标准（试行）》（HJ/T 273—2006）、《综合类生态工业园区标准（试行）》（HJ/T 274—2006）和《静脉产业类生态工业园区标准（试行）》（HJ/T 275—2006）中，规定了各类生态工业园区建设的具体指标：综合类生态工业园区指标共分为经济发展、物质减量与循环、污染控制和园区管理四类指标；行业类生态工业园区标准指标分为经济发展、物质减量与循环、污染控制和园区管理四类指标；静脉产业类生态园区指标分为经济发展、资源循环与利用、污染控制、园区管理等四类指标。

24．中国国家生态工业示范园区建设进入全面试点阶段

2007年4月，国家环境保护总局、商务部和科技部联合发布了《关于开展国

① 参见国家工业共生项目（National Industrial Symbiosis Programme）网站，2017-03-15[2017-03-15]，http：//www.nisp.org.uk。

② 付丽娜：《工业园的生态化转型及生态效率研究》，中南大学，2014。

家生态工业示范园区建设工作的通知》(环发〔2007〕51 号),三部委联合在国家经济技术开发区、国家高新技术开发区和其他工业集聚区加快推进生态工业园区建设,标志着中国国家生态工业示范园区建设进入了全面试点阶段[①]。

25. 中国国家环境保护部发布《综合类生态工业园区标准》

环境保护部于 2009 年 6 月正式发布《综合类生态工业园区标准》(HJ 274—2009),该标准提出了中国关于生态工业园区的定义,即生态工业园区是依据循环经济理念、产业生态学原理和清洁生产要求而建设的一种新型工业园区。

第二节 绿色供应链

1. "绿色供应链"的概念产生

1996 年,美国国家科学基金(National Science Foundation)资助密歇根州立大学(Michigan State University)制造研究协会进行环境负责制造研究。这项研究将绿色供应链作为重要的研究内容,提出了"绿色供应链"的概念[②]。

2. 费斯克赛尔·约瑟夫指出供应链管理是公司进行环境管理的重要工具

1995 年,费斯克赛尔·约瑟夫(Fiksel Joseph)在其研究中指出:供应链管理是公司进行环境管理的重要工具,具体来看主要表现为制造商对供应商的评价标准从过去的质量、交货的及时性、价格等因素深入到供应商的内部活动、环境管理绩效等因素,并在其论文中指出了评价供应商应该考虑的基本因素;在此基础上进一步指出供应商可能通过一些公认的标准来显露其环境管理水平与绩效,他认为 ISO 14000 体系的认证是一个有效的方法,但同时也指出制造商在评价其供应商时在考虑 ISO 14000 体系认证的同时也应该全面有效地评价供应商的环境

① 钟琴道:《中国生态工业园区建设历程及区域特点》,载《环境工程技术学报》,2014(5):429-435 页。
② 刘丽琴:《M 公司绿色供应链管理研究》,北京交通大学,2013。

管理行为[①]。

3．理查德·朗明等人分析供应链中的消费者态度、政府的法律及制造商对环境的负影响

1996年，理查德·朗明（Richard Lamming）与乔·汉普森（Jon Hampson）利用供应链管理的思想对供应链中的消费者态度、政府的法律及制造商对环境的负面影响进行了分析，指出在绿色供应链中的诸如供应商评价、精益供应链及在供应链内建立合作战略等有利于改进整个链的活动与环境相容的程度；对美国的5家大型企业的供应链行为进行了分析，从环境管理的角度提出了改进的方案[②]。

4．斯蒂夫·沃顿等人研究如何在供应链管理中加入环境因素

1998年，斯蒂夫·沃顿（Steve V Walton）等人重点研究了如何在供应链管理中加入环境因素的问题，认为现代商业时代企业不能忽视环境这一主题。越来越多的政府规制、公众日益凸显的环境意识均要求使得对环境的关注变成现实，要求制造商将环境议题提到战略规划的层面。与此同时，制造商开始集成供应链过程来降低成本、提高其服务质量。这两个趋势不是独立的，公司必须通过联合供应商与销售商来满足消费者及政府对其所提出的环境预期。他们对家具工业中的五个案例的研究发现“环境意识供应链已经在实践开始运作”，并且在此基础上通过定性的分析方法得出了要实现与环境相容则要求在五个方面改进其行为：一是要选择与环境相容的材料，二是要改进产品设计过程，三是改善供应商过程，四是有效的供应商评价，五是改善制造商内部的供应链[③]。

---

① Fiksel，Joseph：How to Green Your Supply Chain，Environment Today，Mar 1995。

② Richard Lamming and Jon Hampson：The Environment as a Supply Chain Management Issue，British Journal of Management. Mar 1996。

③ Steve V Walton；Robert B Handheld；Steven A Melnyk；The Green Supply Chain：Integrating Suppliers into Environmental Management Processes，International Journal of Purchasing and Materials Management. 1998. 34（1）：2-11。

5. 安吉尔·琳达等人总结有关制造业环境主题的研究领域

1999 年，安吉尔·琳达（Angell Linda C）与可拉森·罗伯特（Klassen Robert D）对有关制造业环境主题的研究领域进行了总结，指出主要的领域集中在工艺技术、质量、产品创新及供应链管理等四个方面，从环境改善的水平分析和过程两个角度建立有关环境管理的基本框架，认为在实践中有效地改善制造业与环境相容的程度主要包括制造战略、质量、供应链管理及技术管理；最后他们认为有关环境管理问题的研究与实践越来越走向集成化①。

6. 纳格尔认为绿色供应链的管理涉及产品的使用、组成以及生产的全过程

2000 年，纳格尔（M. H. Nagel）认为绿色供应链的管理涉及产品的使用、组成以及生产的全过程，是在原有供应链思想的基础上强调环境保护的意识，并且要求在供应链范围内达成一种长期稳定的战略关系，同时强调技术支持在绿色供应链运营过程中的关键性作用②。

7. 杰瑞米·霍尔首次提出“环境意识供应链动态学”

2000 年，杰瑞米·霍尔（Jeremy Hall）在其研究中首次提出“环境意识供应链动态学”（Environmental supply chain dynamics，ESCD），并将其定义为一种现象：当环境创新扩散从一个消费者企业到一个供应商企业的过程。他认为 ESCD 的合适性或者合理性在于其是建立在“需要以系统的方法去理解工业系统中环境意识的含义，在供应链中作为一个关键的因素存在”；更为重要的是消费者与供应商之间的关系在整个供应链的决策过程中起到一个很重要的作用，这种决策激励着整个供应链去实现与环境相容。通过在英国与日本食品的零售商和英国的航空工业的案例研究，得出以下结论：如果在整个供应商中的一个行业领导者在供应

① Angell，Linda C. and Klassen，Robert D.：Integrating Environmental Issues into the Mainstream：An Agenda for Research in Operations Management，Journal of Operations Management，1999，17（5）：575-598。

② Nagel M. H.：Environmental Supply-chain Management Versus Green Procurement in the Scope of a Business and Leadership Perspective，IEEE，2000：219-224。

链渠道中占有主导力量（在他们的供应商、技术竞争力和本身在一个特殊环境压力下）将会导致ESCD出现[①]。

8．美国环境保护局资助“精益和绿色供应链管理”研究

2000年美国环境保护局资助“精益和绿色供应链管理”研究，意为企业实施绿色供应链提供指导，同时推出了指导企业进行绿色供应链管理的报告，报告中提出了绿色供应链管理决策四步骤模型、产品评价矩阵等[②]。

9．杰弗瑞利用生命周期评价法研究绿色供应链的构建

2002年，杰弗瑞（Geoffrey）利用生命周期评价法（LCA）研究了绿色供应链构建问题，将绿色供应链管理战略分为遵循战略、过程战略及市场战略三类；在确定绿色供应链的管理战略后利用LCA来设计其供应链的结构，对不同战略类型绿色供应链需要不同类型的LCA及相应的信息与数据；在利用LCA对供应链的环境影响及影响因素分析的基础上从联盟的复杂程度与成员间联系紧密程度两个维度将绿色供应链的结构分为圆桌会议结构、分散结构、多中心简单结构及多中心网络结构四类[③]。

10．安娜·纳格恩研究绿色供应链主体的决策

2003年，安娜·纳格恩（Anna Nagurne）对绿色供应链主体的决策进行研究，分为制造企业、分销商与消费者三个层面的主体，采用博弈论对主体特点进行分析，采用网络模型构建多目标决策模型，并提出了对应的算法[④]。

---

① Jeremy Hall：Environmental Supply Chain Dynamics，Journal of Cleaner Production，2000，8（6）：455-471。

② 王能民，孙林岩，汪应洛：《绿色供应链管理》，北京，清华大学出版社，2005。

③ Geoffrey J. L. F.：Envirionmental supply chain management：using life cycle assessment to structure supply chains，International Food and Agribusiness Management Review，2002（4）：339-412。

④ 聂雅，项玉卿：《博弈论在绿色供应链中应用的研究现状》，载《才智》，2008（15）：221页。

第三节 行业实践

1．循环经济概念首次引入中国钢铁产业政策

2005年7月20日，中国国家发展和改革委发布了《钢铁产业发展政策》，这是中国首部针对钢铁产业出台的发展政策。国家发展和改革委员会工业司司长刘铁男指出，钢铁工业是一个高能耗、高投入、高污染的行业，如果不调整产业和产品档次结构，就无法打造资源节约型的发展模式，实现可持续发展[①]。

新的钢铁产业政策，一方面通过设置市场准入门槛，规定新的技术装备要求，引进循环经济的思想，推动中国钢铁产业向集约型工业转变；另一方面，通过控制新建项目，布局向沿海沿江地区转移。除此之外，新政的另一个亮点在于钢铁新政首次将循环经济概念引入中国钢铁产业政策。

新政指出，应“按照可持续发展和循环经济理念，提高环境保护和资源综合利用水平，节能降耗。最大限度地提高废气、废水、废物的综合利用水平，力争实现‘零排放’，建立循环型钢铁工厂。钢铁企业必须发展余热、余能回收发电，500 万 t 以上规模的钢铁联合企业，要努力做到电力自供有余，实现外供。2005年，全行业吨钢综合能耗降到0.76 t标煤、吨钢可比能耗0.70 t标煤、吨钢耗新水12 t以下；2010年分别降到0.73 t标煤、0.685 t标煤、8 t以下；2020年分别降到0.7 t标煤、0.64 t标煤、6 t以下。即今后十年，钢铁工业在水资源消耗总量减少和能源消耗总量增加不多的前提下实现总量适度发展[②]。”

此外，《钢铁产业发展政策》对钢铁联合企业技术经济指标提出了要求：“吨钢综合能耗高炉流程低于0.7 t标煤，电炉流程低于0.4 t标煤，吨钢耗新水高炉流程低于6 t，电炉流程低于3 t，水循环利用率在95%以上。其他钢铁企业工序能耗指标要达到重点大中型钢铁企业平均水平。”在废钢利用方面，新政要求 “随

① 征宇：《中国推出钢铁新政——循环经济概念首次引入钢铁产业政策》，载《今日中国论坛》，2005（8）：109-110页。

② 参见《钢铁产业发展政策》（发展改革委令第35号），2017-03-15[2017-03-15]，http：//www.gov.cn/flfg/2006-01/17/content_161597.htm。

着市场保有钢铁产品数量增加和废钢回收量增加，逐渐减少铁矿石比例和增加废钢比重。”

2. Desso 回收计划™与 DESSO Refinity®技术

废弃地毯通常被扔在垃圾场烧掉，一些重要的原材料也遭到毁坏。2008 年，Desso 公司推出了回收计划™，一年后，创新分离技术 DESSO Refinity®研发成功[①]。

Desso 通过 Refinity®技术回收废旧地毯（不含 PVC），将其中的纤维和背衬分离。这就形成两种不同形式的可回收原料：纱线将被返回纱线生产商，用于生产新的纱线，沥青背衬（是目前最常用的地毯背衬材料）在道路铺设和屋顶工业中得到回收。所有不可回收的地毯碎片可作为二次燃料用于水泥工业中。

参与 Desso 计划返还地毯的客户将得到回收™认证，保证原料将根据从摇篮到摇篮®原则进行回收。2011 年约有 800 t 废旧地毯通过 DESSO Refinity®技术得以回收。

此外，Desso 还使用回收的纱线。公司的纱线供应商之一 Aquafil 开发出了一种专利科技，能不断将废旧地毯中的聚酰胺 6 纱线转变成新的材料，也就是 ECONYL®。目前，Desso 方块地毯产品系列中 60%的产品含有 ECONY®纱线，这种纱线由 100%可回收材料制成，包括从 Desso Refinity®工厂回收的消费后纱线废料。

3. 中国国家开发投资公司首创“五位一体”循环经济模式

2009 年 12 月，随着国家开发投资公司（简称“国投公司”）北疆发电厂一期海水淡化首套装置的成功出水和 1、2 号机组相继圆满完成满负荷运载，顺利投产，标志着国投公司北疆“五位一体”循环经济模式首战告捷。国投北疆发电厂一期工程是国家首批循环经济试点项目，也是天津市首批 20 项重大工业项目之一，由国投公司与天津市政府合作建设，项目首创了“发电—海水淡化—浓海水制盐—土地节约整理—废物资源化再利用”的“五位一体”循环经济模式，总投资 121

① 参见 desso 网站，2017-03-15[2017-03-15]，http：//www.desso-corporate.cn。

亿元[①]。

天津是一个极度缺水的城市，现在已经接近水资源枯竭的边缘，据统计，天津的人均淡水资源占有量只有 160 m^3，不足中国平均水平的 1/14，比世界上最缺水的以色列还要少 60 m^3，现年总缺水近 13 亿 t。考虑南水北调水量后全市仍有 6.1 亿 m^3/a 的缺口，水资源短缺已成为制约天津经济社会发展的重要因素。与此同时，火电厂也是高耗水产业，北疆电厂采用“五位一体”的良性循环，可使这个产业链条上的每一个环节所产生的废物都被下一个环节充分吸收利用，从而实现效益最大化，排放最小化。其中项目一期工程全部达产后，可提供日产 20 万 t 的优质淡水资源，是目前国内最大的海水淡化工程，除 10%自用外，其余 90%淡水将向社会供应。全部投产后，每日供水量将约占目前天津市日用水量的 10%。经天津市华泰龙淡化海水有限公司铺设的管道输送到天津市滨海新区汉沽、塘沽、开发区各水厂，与水厂自来水掺混后进入市政管网。从某种意义上说，国投北疆电厂的海水淡化项目对于天津滨海新区不失为小规模的“第二个引滦入津工程”。配套的盐化工项目可以把海水“吃干榨净”。因此，这一项目的顺利投产对国家循环经济的发展将具有重要的示范意义和推广价值。

4. 中国首个煤炭循环经济园区闭合链

2010 年 10 月 19 日，山西省“十一五”规划重点项目——同煤集团日产 4 500 t 新型干法水泥熟料生产线在朔州市怀仁县建成投产，标志着中国首个煤炭循环经济园区——同煤集团塔山循环经济园区闭合链正式建成[②]。该项目充分利用塔山、王坪电厂电炉渣、粉煤灰和脱硫石膏等工业废渣作为水泥生产的替代原料和混合材料，投产后年产优质、低碱、高标号水泥 240 万 t，每年可消化电厂粉煤灰 60 多万 t、消化钢厂废渣 120 多万 t、年节约煤 2 万多 t，相当于年减排二氧化碳 6 万 t。

在山西省转型跨越发展的背景下，越来越多的企业加入了转型跨越的探索实践之中。作为国有大型企业，同煤集团近年来重视非煤产业的发展，目前已经形

① 《2009 年度中国循环经济二十个新闻事件》，载《中国经济导报》，2010-03-27（C02）。

② 曹英，李德忠：《山西建成国内首个煤炭循环经济园区闭合链》，载《中国经济时报》，2010 年 10 月 22 日第 003 版。

成了以电力、化工、建材、煤机制造为主的非煤产业群，为企业实现节能减排、建设循环经济、实现转型跨越奠定了基础。2009 年，企业非煤销售收入达到 65 亿元，占公司销售总收入的近 16.5%。

5．中国首个全面系统评价企业层面循环经济发展水平的标准

2011 年 9 月 23 日，山西省质监局召开新闻发布会，正式发布实施山西省工业企业循环经济评价标准。这是中国首个全面系统评价企业层面循环经济发展水平的标准，填补了企业层面循环经济评价方法的空白①。为实现国务院提出的循环经济“可操作、可考核、可评价”的目标提供了重要的技术保障。

长期以来，因缺少循环经济评价方面的科学标准，地方政府和企业往往难以准确掌握自身循环经济发展的基本状况，无法做到科学决策并有效提升经营管理水平。这次发布的工业企业循环经济评价标准包括《工业企业循环经济评价导则》《钢铁行业循环经济评价实施指南》和《焦化行业循环经济评价实施指南》3 个标准。

《工业企业循环经济评价导则》作为评价导则，为企业循环经济评价提供了原则性的要求、框架性的指标体系以及评价方法，为后续各行业制订循环经济评价实施指南提供了依据和思路。《钢铁行业循环经济评价实施指南》和《焦化行业循环经济评价实施指南》结合钢铁行业和焦炭行业的循环经济发展特征，提出了钢铁、焦炭行业循环经济运行绩效指标评价项目和分级标准，为山西省工业企业，尤其是钢铁、焦炭行业的循环经济评价提供了系统的评价标准和方法。

6．中国首个浓海水综合利用循环经济项目

2011 年 1 月 31 日，三友集团浓海水综合利用循环经济项目正式投产。该项目是中国首个浓海水综合利用循环经济项目②，并被列入国家重点产业振兴和技术改造预算内投资计划。该项目总投资 3.5 亿元，以曹妃甸工业区海水淡化装置产生的排废浓海水作为原料，通过精制处理后用于纯碱生产。预计年可利用浓海水

① 《国内首个全面系统地评价企业层面循环经济发展水平的标准——山西省工业企业循环经济评价地方标准正式发布》，载《大众标准化》，2011（9）：7 页。

② 《中国首个浓海水综合利用循环经济项目投产》，载《中国资源综合利用》，2012（30）：6 页。

1 800 万 m³、减排二氧化碳 4 万 t、综合利用原盐 60 万 t、节约水资源 1 000 万 m³，年创效益可达 8 000 万元。该项目的建成投产，实现了盐、水资源的充分循环利用，进一步延伸了海水淡化产业链条，丰富了循环经济产业体系，起到了良好的示范效应。

近年来，中国为解决工业用水问题，大力发展海水淡化项目。但海水淡化过程中会产生大量的浓海水，直排入海后会对海洋环境与生态平衡造成严重破坏。为此，三友集团成立了浓海水综合利用课题攻关组，先后攻克了锅炉烟道气精制浓海水、新型高效盐泥分离脱水等技术难题，成功开发了浓海水用于纯碱生产的新工艺。

7．中国建成世界最大矿渣水泥生产线

2012 年，西安建筑科技大学粉体研究所设计建成了全世界规模最大、各项技术指标均居世界领先水平的数十条矿渣水泥生产线，可年“吞”高炉矿渣 1 200 万 t，不仅将昔日废品转化成低成本、高质量的绿色水泥，为企业新增经济效益 12 亿元，且创造年减排二氧化碳 1 200 万 t、节煤 240 万 t、节电 7.2 亿 kW・h，实现经济效益与生态环境效益双赢①。

如何有效地处理高炉矿渣一直是个国际难题，设在西安建筑大学粉体研究所的“教育部生态水泥工程研究中心”以高炉矿渣等工业废物资源化开发为研究重点，取得突破性成果，采用高炉矿渣超细粉大比例替代水泥熟料制备高性能混凝土的配比和方法，开发了高炉矿渣超细粉的加工工艺，使长期堆积如山，曾让不少钢铁企业头痛不已的高炉矿渣变成了发展循环经济、促进节能减排的新资源。

8．中国首个硫酸法钛白粉清洁生产和循环经济产业链

2014 年 3 月，由广东惠云钛业股份有限公司独创的“硫酸法钛白粉清洁生产和循环经济产业链示范工程”通过中国钛白行业专家组/ 钛白粉产业技术创新战略联盟专家委员会组织的专家评审。这是中国第一个硫酸法钛白粉清洁生产和循环经济产业链，也是工信部培育和推荐的钛白粉行业清洁生产和循环经济产业链

---

① 《西安建大粉体所研发大量消纳矿渣技术》，载《中国粉体工业》，2010（4）：33-34 页。

示范基地[①]。

该循环经济产业链示范工程 2011 年被列入钛白粉产业技术创新战略联盟培育项目之一，经过多年的努力，做到钛铁矿和硫酸利用率最大化、能源利用最优化、“三废”排放最小化、副产品综合利用科学化，实现了经济效益和社会效益最大化，为中国钛白行业循环经济闯出了一条新路子。

9．中国首个盐碱煤基多联产循环经济项目

2014 年 12 月，鄂尔多斯市政府、乌审旗政府、内蒙古博源控股集团、天津渤海化工集团、天津渤化永利化工股份公司在天津签署了战略合作协议，联手投资建设纳林河工业园区盐碱煤基多联产循环经济示范项目，这将是中国首个盐碱煤基多联产循环经济项目[②]。该项目总投资 400 亿元，将分期建设，2020 年之前整体项目全面建成，届时可实现年销售收入 300 多亿元。

根据该协议，各方将合作建设包括联碱、烯烃及工程塑料等在内的循环经济产业链条。该示范项目立足于资源的循环利用，将化工项目外排的高盐废水、煤矿疏干水回收利用，用于采集盐卤生产联碱，实现冷凝水回收利用；同时，通过技术创新最大限度地回收二氧化碳，将工业废渣用于生产水泥。项目的亮点就是利用最先进的绿色碱业制造技术，打造盐碱煤基多联产产业，实现多种资源之间的优势互补、化学要素的优化组合，实现资源利用的合理化和节能减排的最优化，把“三废”变为产品。

10．生态农业的兴起

生态农业最早在欧洲兴起于 1924 年鲁道夫·斯蒂纳（Rudolf Steiner）主讲的“生物动力农业”课程[③]。从循环经济理论来说，生态农业符合循环经济的原则，就是农业循环经济的雏形之一。

---

① 《国内首个“硫酸法钛白粉清洁生产和循环经济产业链示范工程”通过评审》，载《中国粉体工业》，2014（2）：26-27 页。

② 王庭：《中国首个盐碱煤基多联产循环经济项目落户纳林河工业园区》，载《鄂尔多斯日报》，2014-12-05（003）。

③ 林祥金：《世界生态农业的发展趋势》，载《中国农村经济》：2003（7）：76-80 页。

1970年美国土壤学家 William A. Albrecht 首次提出了"农业生态"(Agricultural Ecology)的概念[①]。在美国意识到"环境问题"二十年之前，William Albrecht 从东海岸到西海岸讲授农业生态的观点[②]。他认为土壤能创造出大多数生活必需品，创造起源于一捧土壤[③]。

11."永久农业"的提出

"永久农业"的概念源自比尔·莫里森对永久农业的展望。1974年，比尔·莫里森和他的学生戴维·洪葛兰基于多年生树木、灌木、草本植物（蔬菜和杂草）、真菌和根系的多作物系统联合设计了一个可持续的农业系统，由此创造了"永久农业"这一术语。"永久农业"这一设计方法首次出现在比尔·莫里森1978年发表的著作《永久农业：人类居住地的常年农业》中[④]。"永久农业"是在节约资源和不破坏环境的基础上生产食物。其主要特征是通过元素的有效配置达到有利关系的最大化。与有机农业相比，永久农业更注重本地能量与资源的循环；更强调相互关联的最大化利用；更具有创造性而不是规则性；永久农业寻求尽可能节约使用土地的资源，强调多年生植物的使用；鼓励使用自我调节系统，社区贸易结构明显胜过全球贸易结构。

12. 美国首次提出精确农业

精确（准）农业的概念大约在1982—1984年在美国首次提出。1985年美国明尼苏达的研究人员首次将"持续发展"思想应用于农业[⑤]，提出精确农业构想，用微电子技术不断进步来推动智能化监控技术的发展，以及建设农作物生长模拟、栽培管理、测土配方施肥等农业技术系统等构成了精确农业早期技术基础。精确农业的核心是通过应用先进技术构建先进农业技术体系，真正实现农业生产资源的减量投入，达到降低生产成本的目的，而这正是循环经济"减量化"原则的体

---

① Obituary of William A. Albrecht，Springerlink，1974。

② C. Edmund Marshall：In Memoriam，"Plant and Soil" vol 48。

③ 参见 International Federation of Organic Agriculture Movements - profile of William Albrecht，2017-03-15[2017-03-15]，http：//www.ifoam.org/growing_organic/definitions/pioneers/william_albrecht.php

④ Introduction to Permaculture，(1991)，Mollison，p. v.。

⑤ 参见维基百科，2017-03-15[2017-03-15]，https：//en.wikipedia.org/wiki/Precision_agriculture#cite_ref-4。

现。1990 年海湾战争以后，美国将 GPS 全球定位系统技术应用到农业生产领域，标志着精确农业技术体系的初步形成。1992 年 4 月在美国召开第一次精确农业学术研讨会，精确农业这一概念逐渐被人们接受。

13．中国“生态农业”术语的提出

1982 年，叶谦吉教授在银川农业生态经济学术讨论会上发表《生态农业——我国农业的一次绿色革命》一文，正式提出了中国的“生态农业”这一术语[①]。

14．德国提出“综合农业”

在欧洲，更具经济和生态特性的持续农业的目标集中表现在“综合农业”（Integrated Farming Systems，IFS）上。IFS 的概念来自于病虫害综合防治（IPM），因为 IPM 决定于所有的农业措施。IFS 可以定义为能够将农业和环境目标融入农业生产活动，从而达到维持农场收入和保护环境的多目标的方法[②]。它是从单一的作物生产发展到整个农场系统的方法。

德国大约在 1984 年以后，根据经济发展的需要和自然环境现状，制定了农业发展目标和战略，提出了“综合农业” 的观点，以保护环境为约束力。综合农业考虑到经济和生态环境两方面的要求，在权衡两方面利益的基础上进行生产，强调生态系统、土壤保护、水资源保护和农业经济各因素之间的相互作用和协调发展。

在农业生产实践中，尽可能把下列各方面内容相互结合起来：①农业企业规划和经营管理（包括资料、信息系统及分类，生产受损限界，土壤调查，气候数据等）；②田地和环境的治理（包括轮作制、田埂和道路设置等）；③品种选育（抗逆性、品质、产量等）；④耕作制（传统耕作法、少耕或免耕法）；⑤栽培和土地利用（轮作、持续丰产）；⑥植物养分（有机肥、无机肥）；⑦植物保护（人工、生产或化学防治等）。

---

① 叶谦吉：《生态农业》，重庆，重庆出版社，1988。

② Veresjken，P. and D. J. Royle（eds）：Current status of integrated farming system research in Western Europe. IOBC—WPRS Bull. XII 1989.5：76。

15. 道格拉斯提出农业可持续性的三种不同观点

1984 年，道格拉斯提出了农业可持续性的三种不同观点。第一种观点是满足食物充足的可持续性，它寻求利益范围内的最大食物产量；第二种观点是管理上的可持续性，它是按照控制环境损害来定义的；第三种观点是社会的可持续性，它按照保持或重建生态经济和社会可行的农村系统来定义①。

16. 美国加利福尼亚州通过《可持续农业研究教育法》

从 20 世纪 80 年代中期开始，世界可持续农业（Sustainable Agriculture）理论研究与实践迅速发展。美国是世界上最早倡导持续农业的国家，在探索替代农业的过程中，先后提出过“低投入持续农业（LISA）、高效率持续农业（HESA）和持续农业与教育法（SARE）三种设想并积极实践，最后确定以“持续农业研究教育法”作为发展持续农业的战略决策。

1985 年美国加利福尼亚州议会通过的“可持续农业研究教育法”，是当时农业发展道路面临重新选择的时候提出的。美国 1988 年开始实施“可持续农业研究和教育（SARE）计划”，并于 1990 年被《食品、农业、保护和贸易法案》（FACTA）再次认定。

SARE 计划的目标是，促进旨在增加农业生产系统知识的研究②，这个生产系统能：保持和提高土壤的质量和生产力；保护土壤、水、能源、自然资源、鱼类和野生生物繁殖地；保持和提高地表和地下水的质量；保护与食物和生活在农场系统相关联的居民的健康和安全；增加农业就业机会。

为落实计划、实现目标，美国国会通过立法，确定由农业部主管 SARE 计划，并成立了相应的机构。按照 SARE 的规定，美国农业部负责帮助和加速进行科学研究和教育。农业部还负责帮助促成有关项目。

---

① Douglass G.：The meaning of agricultural sustainability，In：G .Douglass（editor），Agricultural Sustainability in a Changing World Order. Boulder，Westview Press，1984，3-29。

② 黄邦汉：《美国实施“可持续农业研究和教育计划”的启示》，载《数量经济技术经济研究》，1998（8）：77-79 页。

17．法国成立全国环保型农业委员会

法国针对集约农业对环境和自然资源的破坏及由此对农业持续性的影响，于1988年成立了全国环保型农业委员会，认为环保型农业可消除集约农业所产生的消极作用，是保护农村环境的有效途径。法国环保型农业追求的总目标是：改进现有农业技术，使之更符合环境保护的要求；注重产品质量、环境和资源的保护及管理；改善和提高农民的收入，尤其是净收入和生活条件。这些与其他国家倡导的持续农业有许多类似之处[①]。

18．美国成立“可持续农业工作组”

1988年，可持续农业领域的领导者萌生了建立“可持续农业工作组”（Sustainable Agriculture Working Group）的想法，形成了一个各相关机构专门针对可持续农业相关事项开展区域合作的网络。“可持续农业工作组”一方面像区域工作组一样运行，同时也是一个正式联盟“可持续农业联盟”（Sustainable Agriculture Coalition）[②]。

2009年1月1日，美国国家可持续农业事业部（National Campaign for Sustainable Agriculture）和可持续农业联盟（Sustainable Agriculture Coalition）合并为国家可持续农业联盟（National Sustainable Agriculture Coalition）。

19．美国农学会、作物学会、土壤学会定义可持续农业

1989年，美国农学会、作物学会、土壤学会讨论关于可持续农业的定义，得出的一致意见是：在一个长时期内有利于改善农业所依存的环境与资源，提供人类对食品与纤维的基本需要，经济可行并提高农民以及整个社会生活的一种做法[③]。

20．美国农业法案定义可持续农业

1990年，美国农业法案给出可持续农业的定义是：可持续农业是一个在特定

---

① 曾尊固，罗守贵：《可持续农业与农村发展研究述评》，载《世界地理研究》，2001，10（4）：29-38页。

② 参见可持续农业网站，2017-03-15[2017-03-15]，http：//sustainableagriculture.net/about-us/history/。

③ 何臣局：《湖南农业与农村实施可持续发展战略研究》，湖南农业大学，2004。

地点的动植物生产活动的综合系统。这种生产从长期来看，能满足人类食物和纤维需求；改善环境质量和农业经济所依赖的自然资源基础；最大效率地利用不可更新资源和农场内部资源，尽可能将自然生态循环及其控制结合起来；保持农场运转的经济可行性；提高农民作为一个整体的社会生活质量。

21.《丹波宣言》

1991 年 4 月，联合国粮农组织（FAO）在荷兰召开的国际农业与环境会议上，向全球发出了“关于可持续农业和农村发展的《丹波宣言》和行动纲领”的倡议[①]。《丹波宣言》的重要意义不仅仅是给予可持续农业以新的完整定义，更重要的是进一步明确了可持续农业与农村发展（SARD）的概念，即把持续农业（SAD）和农村发展（SRD）有机结合在一起。该宣言给出的可持续农业与农村发展的定义是：管理和维护自然资源基础，并实行技术变革和制度创新，以确保当代人和后代人对农产品的需求不断得到满足；这种发展能保护土地、水资源、植物和动物遗传资源，同时技术上适当，经济上可行，能够被社会接受。它还提出了三个战略目标：第一，保障食物安全；第二，促进农村综合发展，增加农民收入，消除农村贫困；第三，合理利用、保护与改善自然资源，创造良好的生态环境。从此，农业领域的可持续发展理论与实践进入了新的阶段。

《丹波宣言》提出的三大战略目标之一就是保护资源和环境的永续良性循环目标。为达到这一目标，要采取各种实际有效的措施，合理利用、保护和改善资源与环境条件，促使这些客观条件能够与人类社会协调发展，永续地处于良性循环之中。《丹波宣言》突出地保护农业资源和环境的永续良性循环目标，鲜明地体现了循环经济的理念，在加快促进工业循环经济发展的同时，将工业循环经济的“减量化、再利用、资源化”原则扩展并延伸到农业中去，转变传统的农业生产方式与农业经济增长模式，以实现农业的可持续发展。

22. 中国生态农业的基本概念确定

1991 年 5 月，马世骏和边疆共同拟订了中国生态农业的基本概念：生态农业

---

① FAO：Manifesto and Agenda on Sustainable Agriculture and Environment，Den Burg，Netherlands，1991，78。

是因地制宜应用生物共生和物质再循环原理及现代科学技术，结合系统工程方法而设计的综合农业生产体系。这一概念的核心部分被写进农业部颁布的生态农业建设区建设技术规范，成为中国开展生态农业建设的行为规范①。

23．欧盟颁发《关于生态农业及相应农产品生产的规定》

欧盟于 1991 年 6 月 21 日颁发了《关于生态农业及相应农产品生产的规定》，该规定明确指出，作为生态产品的生产必须符合国际生态农业协会（FOAM）的标准，如产品如何生产，哪些物质允许使用，哪些物质不可使用等②。在生产过程中，生态产品所采用的原料必须是生态的。所采用的附加料，如在生产过程中必须使用，则允许部分附加料来自传统农产品，但不得高于 25%。一旦使用了传统农业附加料，就应在产品中标明使用的比例。只有 95%以上的附加料来自生态的才可作为纯生态产品出售。

24．世界可持续农业协会成立

1991 年 9 月，联合国总部成立了世界可持续农业协会（World Sustainable Agriculture Association）③，其终极目标是促进可持续的食物与农业体系，提高其经济可行性、社会公正性及与自然环境的和谐。

25．印度发布《持续农业发展的途径》报告

1992 年，印度农村发展部发布了一份关于持续农业现状的报告，其基本思想是：生态的、经济的、社会的和文化的必须有机地同环境结合起来，从而开发出一种成本低廉、能源效率高和环境优良的经营管理体制。它既能适合当地的特点，又能取得发展，并且还能持续不断④。

---

① 李文华，刘某承，闵庆文：《中国生态农业的发展与展望》，载《资源科学》，2010，2（6）：1015-1021 页。

② 苟在坪：《国外农业循环经济的发展》，载《再生资源与循环经济》，2008（11）：41-44 页。

③ 参见 Roger Blobaum 网站，2017-03-15[2017-03-15]，http：//rogerblobaum.com/goals-of-the-world-sustainable- agriculture-association/。

④ 刘凤琴：农业可持续发展问题的数理经济学研究，天津大学，2000。

26.《21 世纪议程》提出“持续农业与农村发展”

1992 年 6 月，世界环境与发展委员会在巴西召开的联合国“环境与发展”大会上通过了《21 世纪议程》，在更高层次和更大范围内提出了可持续发展是全球社会经济发展的战略，把农业和农村的可持续发展作为可持续发展的根本保证和优先领域，并写入了议程的第 14 章，充分体现了当今农业可持续发展新思想的全球共识和最高级别的政治承诺，从而使持续农业从一种构想逐步转向世界各国的实践①。

27. 日本提出“环境保全型农业”

日本农林水产省于 1992 年制定并颁布了新的《食品、农业、农村基本法》(通称“新政策”)。“新政策”的颁布，标志着日本成为世界上首次提出“环境保全型农业”的国家②。“环境保全型农业”具体是指：对传统农业本身所拥有的土壤、水分、营养、光照等纯天然、无污染的自然资源加以充分利用，切实减少化肥、农药的使用，通过自然资源的循环利用达到既提高农产品产量又实现环境保护的目的。

由于“环境保全型农业”是一种具有可持续性发展的农业，故而也被称为“持续可能性农业”。随着“环境保全型农业”理念的提出，日本政府逐步通过对农业环境法律体系进行完善、对农业生产技术规程进行规范、对生态农业研究项目加大投入、对环境保护农业认证制度进行健全、对环境保全型农业扶持政策进行落实，目前已经形成了一个囊括法律制度、技术研发、政策扶持等内容的较为完善的现代农业环境政策实施体系。

环境保全型农业目前在日本主要有三种类型：自然农法、有机农法和常规农法③。自然农法认为从事农业要遵循自然生态规律，把土壤和植物看作有机的生命体，不使用化肥和化学农药，通过不同作物的间作、轮作、施用堆肥和经发酵加工的有机肥等培养地力，保持土壤养分平衡和农田能量平衡，通过自然法（生物

① 参见联合国网站，2017-03-15[2017-03-15]，http：//www.un.org/chinese/events/wssd/agenda21.htm。

② 杨秀平，孙东升：《日本环境保全型农业的发展》，载《世界农业》，2006（9）：42-44 页。

③ 王道龙，张德永：《日本环境保全型农业的政策》，载《世界农业》，1994（7）：17-18 页。

防治、某些植物的提取液等）防治病虫害，从而达到保护土壤生物生态系统、保障食物安全、促进人类健康、使人和自然协调共存和繁荣的目的。有机农法的主要主张与自然农法是一致的，即不使用化学合成的化肥、农药、生长调节剂等，提倡使用堆肥、间套作、轮作、共生、天敌治虫和采用一些生物技术，但不完全排斥必要时使用少量的化肥和农药。常规农法为当前习惯性实行的农业耕作方法，即在传统农业耕作方式基础上同时运用现代科技成果即大量施用化学合成肥料和农药等进行生产的农业耕作方法。

28. 精确农业技术首次在美国明尼苏达州的两个农场进行试验

1993 年，精确农业技术首先在美国明尼苏达州的两个农场进行试验，结果表明传统农业每公顷施肥为 119.8 kg，而精确农业施肥平均为 82 kg。明尼苏达州的扎卡比森甜菜农场采用精确变率施肥技术，减少了氮肥用量，肥料投入每公顷平均减少 15.52 美元，收益平均每公顷增加 358.32 美元。

29. 中国开展首批生态农业试点县建设

1993 年由农业部等 7 部委、局组成了“中国生态农业县建设领导小组”。1993 年 12 月由农业部牵头，与国家计划委员会、科学技术委员会、财政部、水利部、林业部和环境保护总局共同组织了 51 个国家级生态农业试点县的建设，项目计划期为 1994—1998 年。中国 51 个生态农业试点县行政区划面积共 1 400 万 hm^2，占中国总面积的 1.5%；共有人口 2 210 万，占中国总人口的 2.2%。1994—1998 年中国生态农业建设投入累计超过 60 亿元。从此次试点的分布区域和生态类型的代表性看，是具有重要的推广意义的[①]。国家级生态农业试点县的建设，同时也推动了省级生态农业试点县的迅速发展，到 1995 年年底，中国省级生态农业试点县兴起 100 余个，有近 20 个地区和市开展生态农业建设，使中国各种生态农业试点数超过 2 000 个[②]。

---

① 中国生态农业示范县建设专家组：《发展中的中国生态农业》，北京，中国农业科技出版社，2001。

② 刘彦随，吴传钧：《国内外可持续农业发展的典型模式与途径》，载《南京师大学报（自然科学版）》，2001（24）：119-124 页。

30.《中国 21 世纪议程》强调农业与农村可持续发展

1994 年 3 月，国务院第 16 次常务会议讨论通过了《中国 21 世纪议程》①，并强调指出：农业是中国国民经济的基础，农业与农村的可持续发展，是中国可持续发展的根本保证和优先领域。中国的农业与农村要摆脱困境，必须走可持续发展的道路。

31. 中国提出迎接中国农业可持续性的挑战的建议

1996 年，中国环境与发展国际合作委员会（CCICED）就如何迎接中国农业可持续性的挑战，提出了 3 项建议：（1）由于技术的转变过程常常超出了通常的 5～10 年的规划框架，因此需制订一项更长期的农业发展战略；（2）必须保证农业研究与开发的投资；（3）农业研究必须重新调整方向，将其重点放在开发经济和环境效益俱佳的技术上，特别要将清洁生产概念应用于农业，减少有害物质的排放②。

32. 首次世界粮食首脑会议

1996 年 11 月 13 日至 17 日，由联合国粮农组织发起组织的世界粮食首脑会议（World Food Summit）在意大利罗马联合国粮农组织总部举行，来自 170 多个国家的国家元首、政府首脑或他们的代表云集古都，共同商讨全球粮食安全战略大计③。这次会议是根据联合国粮农组织第二十八届大会和联合国大会分别于 1995 年 10 月和 12 月做出的决议而举行的，是联合国粮农组织成立 50 多年来首次举办的级别最高、规模最大的专门探讨解决粮食问题的会议，也是历史上第一次关于粮食问题的世界首脑会议。此次会议进一步明确了可持续农业发展技术和要点。在强调可持续农业战略与行动重要性的同时，针对持续农业发展尚缺乏可操作的具体内容与技术，凸显了“新的绿色革命”技术，指出包括改良的新品种、

---

① 《中国 21 世纪议程——中国 21 世纪人口、环境与发展白皮书》，北京，中国环境科学出版社，1994，213 页。

② 中国环境与发展国际合作委员会：《国际环境合作与可持续发展》，北京，中国环境科学出版社，1997。

③ 参见世界粮食首脑会议网站，2017-03-15[2017-03-15]，http：//www.fao.org/wfs/index_zh.htm。

化肥、灌溉和农药技术等在可持续农业发展中的意义和作用。

意大利共和国总统斯卡尔法罗、联合国秘书长加利、联合国粮农组织总干事迪乌夫出席了开幕式并先后讲话。加利在讲话中指出，饥饿问题不仅是一个生产的问题，而且是一个分配的问题。他呼吁本次首脑会议为解决这一问题做出切实的努力。迪乌夫总干事在讲话中指出，目前世界粮食安全形势严峻。他强调，要解决粮食安全问题，关键在国家一级，粮农组织将与各成员国合作，共同完成这一宏伟任务。据联合国粮农组织发表的公报，全世界目前仍有 8 亿人遭受饥饿，2.5 亿儿童长期营养不良，粮食安全问题日益成为全球性的严重问题。世界粮食首脑会议旨在寻求各国政府的共同努力，采取积极行动，改善世界粮食安全形势。国务院总理李鹏出席本次首脑会议并发表重要讲话。

世界粮食首脑会议第一次会议 11 月 13 日上午正式通过《世界粮食安全罗马宣言》（简称《罗马宣言》）和《世界粮食首脑会议行动计划》。《罗马宣言》表达了各国政府对世界粮食安全的关注和解决粮食问题的决心，重申人人享有免于饥饿、获得充足食物的基本权利。宣言分析了世界粮食安全的严峻形势，指出贫困是粮食不安全的重要根源，在消除贫困方面取得可持续的进展是增加获得粮食机会的关键所在。宣言指出，和平、稳定及有利的政治、社会和经济环境是使各国能够充分重视粮食安全和消除贫困的必要基础，强调“粮食不应作为一种施加政治和经济压力的手段”，重申国际合作和声援的重要性，指出“必须制止违反国际法和联合国宪章并危害粮食安全的单方面措施”。宣言号召全球各国立即行动起来，担负起对当代和子孙后代实现粮食安全的责任。

《世界粮食首脑会议行动计划》主要是与会各国为实现世界粮食安全所做出的承诺。这些承诺是：确保一个有利的政治、社会和经济环境；实施旨在消除贫困和不平等的政策；推行参与性和可持续的发展方法；促进公平和面向市场的世界贸易体制；预防自然灾害和危机；鼓励公共和私人投资的最佳分配和利用；实施、监测和落实行动计划。

为实现这些承诺，行动计划明确要求，每一个国家必须采取符合其资源和能力的战略，实现各自的目标，同时开展区域和国际合作，组织起来集体解决全球粮食安全问题。行动计划还制定了具体的近期目标：在 2015 年之前，将营养不良的人数减少一半，并进行一次中期回顾，以确定到 2015 年能否实现这一目标。

33.《布朗瑞格宣言》

1997 年 6 月 22—28 日，在德国布朗瑞格（Braunchweig）专门召开了国际可持续农业会议，是对全球可持续农业理论与实践的系统总结和发展。内容涉及气候变化对农业生态系统可持续性的影响，用于能源、工业的生物量的初步生产、加工与利用，在可持续农业中的植物育种、基因工程和生物技术、生物学、生态学和有机的农业系统，在不同环境及投入情况下的土地、水和作物资源的管理，在可持续农业中植物、微生物的相互作用，生物多样性和自然资源的保存等①。

1997 年 6 月 27 日会议通过了《布朗瑞格宣言》。该宣言着重强调：当今世界上有 8 亿人处于饥饿和营养不良，有 1.5 亿人缺水，2 亿多人未能享受现代能源。会议号召立即行动起来，将“我，这里，现在”的思维方法改变为“我们，每一个地方和为了今天和明天”，宣言还列出了为达到该目标的 7 条行动纲领，强调农业是文化、经济进步和人类尊严的基础。今天我们面临全球环境污染、人口不断增加和自然资源枯竭等问题。为解决这些问题，农业将发挥越来越重要的作用，它不但要满足不断增长的人口的粮食需求，而且还要为生物燃料和工业提供原料。会议号召立即行动起来，为达到宣言提出的奋斗目标，积极开展活动：

（1）增加为生产粮食、能源和工业原料的农业研究；

（2）所有国家都有责任支持可持续农业系统的新发展和技术转化到使用者身上，以保证基础研究与应用研究之间的密切联系；

（3）注意人类活动对地球环境的影响，以保证其持续性，避免自然生物圈的混乱；

（4）制订教育计划，以促进人们树立生态学系统、生物学系统和有机物生产系统的社会意识。

34．蔡运龙和史密特综述农业可持续性的三种概念

1998 年蔡运龙和史密特也区分了农业可持续性的三种概念：第一种是生态定义，它强调生物自然过程和生态经济系统的生产能力；第二种是经济定义，它主

① 黎大爵：《国际可持续农业会议》，载《世界农业》，1998（7）：56 页。

要着眼于长期保持从事农业生产者的收益；第三种是社会定义，它强调对人类食物和居住基本需求的满足，以及安全、平等、自由、教育、就业和娱乐的满足①。

35．史密斯和麦克唐纳提出农业可持续性应着眼的四个领域

1998 年史密斯（Smith C. S.）和麦克唐纳（McDonald，G.T.）发表文章，提出农业可持续性的解释应着眼于四个领域：代际和代内公平、食物充足、环境管理和社会经济可行②。

36．中国发布《中共中央关于农业和农村工作若干重大问题的决定》

1998 年 10 月 14 日中国共产党第十五届中央委员会第三次全体会议通过了《中共中央关于农业和农村工作若干重大问题的决定》，把促进农业稳定增长与持续发展视为实现中国跨世纪发展战略目标的重要保障，这在中国实施可持续农业发展战略与模式中具有重要的里程碑作用③。

37．中国“建设一个山川秀美、可持续发展的生态农业” 的农业新战略

1998 年 3 月中国召开的九届中国人大会议，对中国农业持续发展给予了高度的重视，强调指出“农业，事关全局的主题”，中国农业的新战略应当是“建设一个山川秀美、可持续发展的生态农业”④。这是高度的科学概括，把几个新事物有机地结合起来，形成一个新的概念、新的农业发展思路，非常值得重视。

38．“垂直农场”设想的提出

1999 年，纽约哥伦比亚大学的环境卫生学及微生物学名誉退休教授迪克

---

① Cai Y.L. and Smit B.：Sustainability in agriculture：a general review，Agriculture，Ecosystems and Environment，1994（49）：299。

② Smith C. S. and McDonald，G.T.：Assessing the sustainability of agriculture at the planning stage，Journal of Environmental Management，1998（52）：15。

③ 参见人民网，中共中央关于农业和农村工作若干重大问题的决定，2017-03-15[2017-03-15]，http：//cpc.people.com.cn/GB/64162/71380/71382/71386/4837835.html。

④ 《农业，事关全局的主题》，载《人民日报》，1998-03-07。

森·戴斯珀米尔（Dickson Despommier）在与他的学生进行讨论时萌生了“垂直农场”的想法[①]。从“屋顶农业”的想法入手，在建筑表皮面积不够用的情况下，戴斯珀米尔教授联想到在建筑内部也进行农业生产，从而提出了“垂直农业”的概念。戴斯珀米尔的学生认为，一座30层的垂直农场就能养活大约5万人。从理论上来说，160座这种建筑物，就能为纽约所有人提供全年的粮食。

迪克森·戴斯珀米尔教授提出了一个30层的垂直农场模型[②]：楼顶有太阳能板和雨水收集罐，建筑一角有作物垃圾倾倒槽，建筑外立面有薄膜太阳能电池板。不同层运用不同的栽培技术：26～30层采用雾培法，10～25层采用水培法，4～9层采用滴灌技术。3层为游客中心和餐厅，2层为商店，1层为垃圾焚烧装置，地下为城市废水净化装置。附属建筑有育苗室、质检实验室、巨大的储水罐、收发货建筑。太阳能电池和每层下落的生产用水产生能量，城市废水用以灌溉作物，日光和人工照明提供光源。进行栽培的种子将先在实验室进行测试，在育苗室育苗。商店和餐厅直接向公众销售新鲜食物。

“垂直农场”的耕作方法其实由来已久。南美土著人长期使用垂直分层种植技术，东亚地区的水稻梯田也遵循类似原则。但现在，全球迅速增长的人口和日益枯竭的资源，让这个概念和技术比以往任何时候都更具有吸引力。

39．日本开展“生态农户”认定

日本政府为推动环境保全型农业建设，以建立“生态农户”为载体，从政策、贷款、税收上给予支持，以提高生态农户经济效益和社会地位[③]。日本“环境保全型农业推进会议”于2000年专门设计了“生态农户”标志，其含义为“我们已开始从事对环境友好的农业”，并于2003年起正式使用，凡“生态农户”在对外宣传或使用的农产品包装物上均可使用上述标志。获得以上认证的农业生产者不仅更易获得政府的相关支持，而且其农产品也得到消费者的普遍认可。

---

① Despommier，Dickson：The Vertical Farm：Feeding the World in the 21st Century. St. Martin's Press，2010，ISBN 978-0-312-61139-2。

② Despommier，Dickson：Growing Skyscrapers：The Rise of Vertical Farms，Scientific American，2009，301（5）：7-8。

③ 何龙斌：《日本发展农业循环经济的主要模式、经验及启示》，《世界农业》，2013（11）：150-153页。

生态农户的认定标准为：拥有 0.3 hm^2 以上耕地、年收入 50 万日元以上的农户，经本人申请，并附环境保全型农业生产实施方案，报农林水产县行政主管部门审查后，再报农林水产省审定，将合格的申请者确定为生态农户，对这些农户银行可提供额度不等的无息贷款，贷款时间最长可达 12 年。

40．中国文献首次提及农业循环经济

2002 年吴天马发表的《循环经济与农业可持续发展》，是最早提及农业循环经济的中国正式发表的文献①。文章指出“农业可持续发展的必然选择循环经济与农业发展紧密相连，推行循环经济对于实现农业可持续发展具有重要意义”。作者强调中国应该走面向循环经济的农业可持续发展模式，“以生态农业建设为基础、开发无公害农产品与绿色食品为目的的渐进式循环经济发展模式”，“以有机农业建设为基础、开发有机食品（产品）为目的、发展有机产业为手段的跨越式循环经济发展模式”。

41．欧盟共同农业政策改革

2003 年，欧盟完成了欧盟共同农业政策（CAP）的重大改革。改革彻底改变了欧盟支持农业部门的方式。共同农业政策由导致过度生产的支付给农民补贴的措施，向支持可持续农业、农村发展和环境措施转移。该协议的核心是脱钩，也就是意味着补贴将不再与生产水平相关，而将依赖于土地被保持在好的环境和农业条件下。

在欧洲经济一体化的历程中，共同农业政策是欧盟内部实施的第一项共同政策；始终占有非常重要和特殊的地位②。欧盟的共同农业政策是欧盟对自身农业在市场和生产经济上实行的统一行为准则，是以政策法规在其内部各国实行的多国联合政府的干预。共同农业政策实施 40 年以来对欧盟农业保护和发展起到了巨大作用。

共同农业政策的核心是价格支持政策。在 CAP 实施的前 10 年里，价格支持政策的确起到了提高农业劳动生产率、增加农产品供给、稳定市场和价格的效果。

---

① 吴天马：《循环经济与农业可持续发展》，载《环境导报》，2002（4）：4-6 页。

② 谢晓宇：《2003 年欧盟共同农业政策改革探析》，上海师范大学，2015。

但是，随着欧盟从农产品净进口国向主要农产品出口国的转变，CAP 对农产品的价格支持导致大量农产品过剩，使 CAP 代价高昂。CAP 的开支占欧盟总支出的比例曾高达 73%；至今仍占欧盟预算支出的 45%；欧盟的财政不堪重负。此外，由于欧盟使用巨额的出口补贴；加剧了欧盟与贸易伙伴国的贸易摩擦和冲突；CAP 在国际上也备受指责。为了减轻财政负担、减少农产品过剩、增强农产品的国际竞争力和适应 WTO 规则；欧盟自 20 世纪 60 年代末开始对 CAP 进行了一系列调整和改革。20 世纪 90 年代；欧盟对 CAP 进行了两次基础性的改革，即 1992 年改革和 2000 年议程，主要措施是将价格支持转为直接收入支持。2003 年 6 月欧盟又通过最新方案，被称为 2003 年改革，主要措施是将挂钩的直接补贴改为不挂钩的直接补贴。

42．中国印发《关于推进社会主义新农村建设的若干意见》

2005 年 12 月 31 日中共中央、国务院印发《关于推进社会主义新农村建设的若干意见》（中发〔2006〕1 号），指出应“推进现代农业建设，强化社会主义新农村建设的产业支撑”，要求“加快发展循环农业。要大力开发节约资源和保护环境的农业技术，重点推广废弃物综合利用技术、相关产业链接技术和可再生能源开发利用技术。制定相应的财税鼓励政策，组织实施生物质工程，推广秸秆气化、固化成型、发电、养畜等技术，开发生物质能源和生物基材料，培育生物质产业。积极发展节地、节水、节肥、节药、节种的节约型农业，鼓励生产和使用节电、节油农业机械和农产品加工设备，努力提高农业投入品的利用效率。加大力度防治农业面源污染。”

43．中国文献首次提及“循环农业”

2002 年陈德敏与王文献共同撰写的《循环农业——中国未来农业的发展模式》一文[①]，是最早出现“循环型农业”或“循环农业”一词的文献。文章指出“农业经历了传统农业、现代农业，正在向生态农业、有机农业、可持续农业发展，这是国际农业发展的潮流。中国农业同样需要大发展，大力发展以生态农业为基

① 陈德敏，王文献：《循环农业——中国未来农业的发展模式》，载《经济师》，2002（11）：8-9 页。

础的循环农业，保护农业生产环境，提高农业经济效益。”

44．“垂直农场”被美国时代杂志评为最佳发明之一

“垂直农场”（Vertical Farming）这个术语是由美国地质学家吉尔伯特·埃利斯·贝利（Gilbert Ellis Bailey）1915 年在他的著作《垂直农场》一书中提出来的①。书中对这个术语的使用，与现代通常所说的“垂直农场”的概念不同，将植物描述成一种“垂直”的生命形态。

“垂直农场”也叫立体种植农场，2009 年被评为美国时代杂志最佳发明之一，2011 年被美国著名高科技杂志《连线》评为改造地球的十大最疯狂生态实验之一。它完全颠覆了人类几千年来的耕种方式，粮食作物离开了土地、阳光，而是在营养液中、LED 灯光照射下生长。

一些废弃的材料和能源流（如废热或湿肥料）的远距离运输是非常困难或经济上不可行的，因此农业与食品企业的位置毗邻通常是构建闭路循环的一项重要前提。垂直农场和其他形式的城市农场与加工处理能力处于城市中心附近，可以减少废料和废弃能源的运输距离，并最终解决当今食物零售商的两项日益增长的需求：一是降低成本，节约能源、减少食物的碳足迹；二是提高当地新鲜事物的供给能力。

45．世界首个低碳液压驱动垂直农场

2009 年，企业家吴杰克（Jack Ng）创建天鲜（Sky Greens），成为世界首个低碳液压驱动的垂直农场②。目前该垂直农场主要产出小白菜、菜心、芥蓝、菠菜等蔬菜，因为蔬菜完全以自然方式生长，产量已达到常规农业的 10 倍以上，蔬菜供应到新加坡最大的连锁超市。

天鲜采用“轮转生长”（A-Go-Gro）的种植技术，直接通过阳光照射到约 6 m 高的 A 字形种植塔，大白菜的托盘排布在“A”字形铝制框架上，每个种植塔包含 22～26 个种植槽，以 1 mm/s 的速度自下而上速缓慢旋转，来确保均匀的光照、

---

① Bailey，Gilbert Ellis.：Vertical farming，Wilmington，Del.：E. I. duPont de Nemours Powder Co. 1915。

② 参见 Sky Greens 网站，2017-03-15[2017-03-15]，http：//www.skygreens.com/，http：//inhabitat.com/sky-greens- is-the-worlds-first-hydraulic-driven-vertical-farm/。

气流与灌溉水平。整个系统占地面积是一间普通浴室的大小，外层由轻质有机玻璃围合以形成温室环境，阶梯状的排列保证了所有植物都能接收到充足的光照。旋转系统是通过一套独特的水重力系统来实现，系统自动收集雨水，在为旋转提供动力后，这些水会被过滤，然后进入灌溉系统，这套低碳“A-Go-Gro”垂直种植系统的能耗仅仅相当于一个 60 W 的灯泡。养分来自塔下方的水槽，每层架子不断旋转，架子转到最上面时能晒到日光，温度较高，转到下面时，则温度下降，温差能让蔬果鲜甜。

46. 中国首个垂直农场“绿美人”摩天塔

2009 年，郑建平主创设计了中国第一座“垂直农场”建筑——绿美人垂直农场摩天塔。2010 年 9 月 14 日上午，“绿美人”在深圳设计之都田面创意产业园首次亮相[①]。“绿美人”以中国盛世唐朝贵妃为美丽造型，塔身高度 208 m，约 16 万 m^2 使用面积，采用了国际最新技术方案，将农作物、花卉、水果、蔬菜和家畜等布局其中培育生产。它能够不受气候的影响，全年不间断地种植、饲养与收获。其先进的太阳能、风能、肥料发酵、清洁水再生等十多项高新技术为此塔提供了生态、新能源及低运行成本的支持，是人类应对粮食增产与土地缩减问题的一大积极探索，是面向未来地球生存挑战的实验窗口。

此方案将二分之一塔内面积设计了观光通道、采摘体验区，绿色酒店、花园式餐饮、会展、科研办公和文化演艺等设施，使建设投入有了长期可靠的市场回报与增值。

“绿美人”垂直农场摩天塔，涵盖新农业、服务业、旅游业三大主题，集农科种植、生态示范、旅游观光、酒店娱乐、会展办公五大功能于一体，将农业种植的高昂成本，通过旅游经济和商业效应进行价值升华，使其具有多功能整合资源、多业态抵御风险的投资价值。

47. 中国江西首个稻谷循环经济产业链

2010 年 9 月 19 日，江西省粮油集团有限公司金佳谷物年产 18 万 t 优质大米

① 参见景观中国网站，2017-03-15[2017-03-15]，http：//www.landscape.cn/news/events/industry/2010/0915/59753.html。

及其副产品综合利用暨 100%稻壳燃料热电联产项目在该省新干县城南工业园竣工，这标志着江西首个完整地将稻谷“吃干榨净”的循环经济产业链运行[①]。该项目经国家发改委批准立项，被列为重点行业结构调整农产品深加工食品专项。

此项目建成投产后，除主产优质大米外，可利用稻壳发电，用米糠制油，把碎米加工成淀粉糖浆、蛋白粉等，实现副产品的精深加工和综合利用。可形成年产优质大米 18 万 t、淀粉糖浆 6 万 t、蛋白粉 7 000 t 以及稻壳发电 4 200 万 kWh 以及粮食物流量 80 万 t 的生产能力。其关键子项目是国内首座 100%稻壳燃料热电联产电站，已于 4 月 2 日并网发电。全部项目投产后，每年可实现销售收入 6 亿元，利税总额 6 000 多万元。每年可节约标准煤 14 万 t，向大气少排放二氧化碳气体 4 万 t。

48. 世界首个工业规模的多功能垂直农场

2012 年 2 月 9 日，Plantagon 公司在瑞典南部的林雪平市的第一温室“Plantscraper”破土动工[②]。它是世界上第一个工业规模的多功能垂直农场，被命名为卓越城市农业国际中心。“Plantscraper”是科学家测试发展城市农业的新技术的场所，是瑞典清洁技术的示范基地，实现了工业产生的过量的热能和二氧化碳的合理利用，有助于减小其对气候变化的影响。

Plantagon 公司改变了最初的圆顶设计，采用了一种纯粹的塔形方案，保护并展示出种植在其内部的植物。在巨大的玻璃墙内，蔬菜被种植在花盆内，之后被移植到巨大中央螺旋线周围的底座上。这些底座会缓慢地下降，到达底部时植物也成熟并可以收获了。植物的残余部分和肥料在这个过程中被收集起来，并用于产生生物气体，为暖房温控系统提供能源。科学家想使这个垂直农场不仅能够种植食物，同时也能帮助开发可持续的城市日常问题，包括能源、热力、废物以及水等的解决方案。

① 牛尚，陈亮：《江西首个稻谷循环经济产业链运行》，载《粮油市场报》，2010-09-21（A01）。

② 参见 inhabitat 网站，2017-03-15[2017-03-15]，http：//inhabitat.com/plantagon-breaks-ground-on-its-first-plantscraper-vertical-farm-in-sweden/。

49．北美第一个垂直农场

2012 年 11 月 21 日，总部位于温哥华的 Alterrus 系统公司在温哥华室内停车场顶部建成了加拿大第一个垂直农场，成为北美的第一个垂直农场[①, ②]。农场采用的 VertiCrop 系统是一种高密度、全自动闭环式输送机水培垂直农业系统。

利用水培技术，草药和绿色蔬菜都可以种植在 5 700 m^2 的垂直结构上，无须杀虫剂和除草剂。农场全年运行，提供反季节生产，是一个可持续发展的食物基础设施来源。VertiCrop 的高密度都市农业相比传统的现场养殖方法是一种种植营养丰富的食物的有效的方式，使用更少的土地和水资源。社会的可持续发展通过出售农产品和社区参与成为可能。同时，由于与运输相关的碳足迹将被削减，农场本身只需要一个有相同的输出的传统农场 10%的水，因此农业对环境的影响将减小。

50．垂直农场协会成立

2013 年 7 月 18 日垂直农场协会在德国慕尼黑成立[③]。垂直农场协会在国际上十分活跃的由专注于推进垂直农业技术，设计和商业的个人、公司、研究机构和大学组成的非营利组织的。这一协会的目标是领导垂直农场运动，以在全球范围促进食物、绿色工作、环境保护和缓解气候变化。

51．世界最大的垂直农场

2014 年 3 月，世界最大的垂直农场在美国宾夕法尼亚州史克兰顿市开门迎客。该农场由总部位于美国密歇根新布法罗的“绿色精神农场”（GSF）公司打造[④]，农场有一层楼高，占地 3.25 hm^2，有 6 层支架，总共可以种植 1 700 万株植物。而且，这只是不断发展壮大的垂直农场中的一个典型代表。

---

① 参见 VertiCrop 网站，2017-03-15[2017-03-15]，http：//www.verticrop.com/。

② 参见 hilaryhenegar 网站，2017-03-15[2017-03-15]，http：//hilaryhenegar.com/tagged/agriculture。

③ 参见 the Association for Vertical Farming 网站，2017-03-15[2017-03-15]，http：//vertical-farming.net/。

④ 参见 sourceable 网站，2017-03-15[2017-03-15]，https：//sourceable.net/pennsylvania-builds-worlds-biggest-vertical-farm/。

在史克兰顿市的这个垂直农场内，植物吸收的是无油的营养液；模拟太阳光的 LED（发光二极管）为其提供照明。而且，要管理这些植物也并非难事：控制软件可以让植物像跳舞一样旋转，以便得到同样数量的光照；软件也能引导水泵，确保所有营养液能被均匀喷洒。

GSF 的研发经理丹尼尔・克鲁克表示，农场的管理者通过智能手机就可以对农场进行全方位监控。他说，位于史克兰顿的这座新农场每年将种植 14 种莴苣，以及菠菜、西红柿、辣椒、罗勒和草莓。

52．世界最大的室内垂直农场

2015 年 7 月 9 日，位于美国新泽西州纽瓦克市的世界最大的室内垂直农场 AeroFarms 正式运营[①]。农场建造在一间 69 000 平方英尺（约合 6 410 m^2）的大仓库中，无土壤、无农药、无阳光的条件下，每年将产出 200 万磅（约合 91 万 kg）新鲜的绿叶蔬菜，比户外农田产量增加 75%，耗水则可减少 95%。农场利用 LED 照明、气栽法（让植物在富含营养的气雾中生长）、气候控制等技术，使蔬菜无须阳光、土壤和农药就可长成。这种新型农业生产模式可大大减轻恶劣气候和城市环境对健康绿色食品的影响。

农场内安装有 35 行 12 层蔬菜种植架（约 9 m 高），用于种植 250 种草本植物及蔬菜。作物在垂直堆叠的槽中生长，并配备了 LED 照明及追踪作物生长状况的传感器。种植槽顶部全部装有模拟阳光的 LED 照明系统，并针对不同的作物专门设计了最适合其生长的光谱与光照强度。安装在种植槽中的传感器对 30 000 个数据点进行采样，来跟踪植物的生长情况。得到的数据会发送给麻省理工学院或哈佛大学的科学家们进行分析，以不断改进植物的种植方式。

53．中国首次立法规定实施生产者责任延伸制回收包装物

中国 1989 年颁布的《旧水泥纸袋回收办法》中明确要求水泥厂对废旧水泥袋进行回收，并规定了生产者的回收比例，构建了押金—退款制度，该办法可以被视为中国最早的体现生产者责任延伸理念的立法，其所建立的生产者责任延伸制

---

① 参见 NBC 新闻网，2017-03-15[2017-03-15]，http：//www.nbcnews.com/news/nbcblk/worlds-largest-indoor-vertical-farm-coming-newark-n389761。

度为中国最早的适用于特定包装物的生产者责任延伸制度[①]。

54．中国首次对废旧家电的延伸生产者责任的原则性概括

2004年，中国颁布的《固体废物污染环境防治法》首次对废旧家电的延伸生产者责任的原则性概括[②]。其中第5条规定："国家对固体废物污染环境防治实行污染者依法负责的原则。产品的生产者、销售者、进口者、使用者对其产生的固体废物依法承担污染防治责任。"

55．劳斯莱斯"Revert"回收利用计划

劳斯莱斯每年用到的合金材料逾20 000 t，为保证供应，降低成本，要尽可能地提高回收利用率。用于航空航天器组件的回收利用材料和合金与一般简单的回收材料不同，必须要符合许多额外的高质量要求。面对能源与资源方面的挑战，劳斯莱斯推出了一个名为"Revert"的回收利用计划，一个集设计、开发、生产和服务于一体的包括空中、陆地和海洋的能源循环利用系统。"Revert"计划开始于十多年前，旨在降低成本和风险，同时减少环境影响，保证材料供应。通过这个"Revert"计划，组件制造过程中的金属残余物，报废发动机零件中回收的金属，都被收集起来，特定类型的合金被分离出来，清洗掉所有的涂料和污染物后，返回给材料供应商进行回收利用，由此形成一个高质量的循环利用链，回收的废旧合金材料经供应商处理后，再次成为满足飞机制造要求的合金材料。

"Revert"是一个三赢战略，可同时为供应商、用户和环境提供更大价值。材料供应商可获得可靠的材料来源，并将回收材料迅速反馈到生产流程中；劳斯莱斯可通过与材料供应商签订的长期协议，以保障废旧材料的供应，来换取"恢复还原"材料的回归；材料的重复利用还可减少环境影响，造福社会和环境，创造就业机会。

通过"Revert"计划，劳斯莱斯所用材料的大部分都可以作为这个闭合式循

① 张琦，李玉基：《论循环经济法中的生产者责任延伸制度》，载《商业时代》，2010（27）：96-97页。

② 邹松涛，顾文婷：《废旧家电：分阶段有选择地实施延伸生产者责任》，载《科技导报》，2009（27）：18页。

环系统的一部分加以重新利用[①]。在车削、铣削等材料加工过程中，90%～100%的钛合金和镍合金成了金属废料和碎屑，这些金属废料被收集起来，通过再加工返还成为飞机制造中的材料。此外，报废飞机发动机中的半数都含有可以回收的高质量材料，可安全用于制造新的发动机。由于成本或技术局限性而不能作为飞机制造材料的回收金属材料，还可以成为当地主流回收项目中回收材料的一部分[②]。“Revert”计划给劳斯莱斯带来了巨大的变化，在降低成本和能源使用率的同时，还可减少原材料需求和温室气体排放。

56. 中国实施汽车、家电的“以旧换新”政策

从 2009 年 5 月 19 日国务院常务会议研究部署鼓励汽车、家电“以旧换新”政策措施，到 6 月 1 日国务院批准国家发展改革委等部门《促进扩大内需，鼓励汽车、家电“以旧换新”实施方案》[③]，再到 7 月 13 日商务部、财政部等 10 部门联合发布《汽车以旧换新实施办法》，汽车“以旧换新”终于随着 8 月 10 日汽车“以旧换新”信息管理系统的正式开通“梦想照进现实”[④]。

通过 70 亿元财政补贴，汽车、家电“以旧换新”与“汽车下乡”“家电下乡”构成了扩大汽车和家电消费的政策体系，是宏观调控的一项重要措施，可以有效发挥财政倍数效益，扩大消费需求。同时，汽车、家电以旧换新有利于节能减排，有利于循环经济发展，扩大就业。

57. 中国发布《废弃电器电子产品处理目录（第一批)》

2010 年 9 月 8 日，中国发布了《废弃电器电子产品处理目录（第一批)》（以下简称《目录》）和《制订和调整废弃电器电子产品处理目录的若干规定》，将五类废弃电器电子产品纳入生产者延伸责任制的管理范畴。

---

① Kiser，Barbara：Circular economy：Getting the circulation going，Nature，2016（531）：443-446。

② 参见 Rolls-Royce 网站，2017-03-15[2017-03-15]，http：//www.rolls-royce.com/sustainability/performance/case-studies/revert.aspx。

③ 参见《关于印发〈家电以旧换新实施办法〉的通知》（财建〔2009〕298 号），2017-03-15[2017-03-15]，http：//www.gov.cn/zwgk/2009-07/02/content_1355598.htm。

④ 参见《关于印发〈汽车以旧换新实施办法〉的通知》（财建〔2009〕333 号），2017-03-15[2017-03-15]，http：//www.gov.cn/zwgk/2009-07/15/content_1366184.htm。

首批《目录》将电视机、电冰箱、洗衣机、房间空调器、微型计算机等 5 种产品纳入其中，考虑的重点因素有：一是社会保有量大、废弃量大；二是污染环境严重、危害人体健康；三是回收成本高、处理难度大；四是社会效益显著、需要政策扶持。《目录》是确定《废弃电器电子产品回收处理管理条例》（以下简称《条例》）调整范围的依据，纳入《目录》的废弃电器电子产品适用《条例》的相关规定，主要有规划、基金、资质许可、多渠道回收和集中处理、生产者标识、资产核销、信息报送、旧货管理等一系列制度①。该目录在 2015 年进行了更新，覆盖了 14 种产品。

关于基金的建立，《条例》第七条规定，“国家建立废弃电器电子产品处理基金，用于废弃电器电子产品回收处理费用的补贴。电器电子产品生产者、进口电器电子产品的收货人或者其代理人应当按照规定履行废弃电器电子产品处理基金的缴纳义务。”

58．中国首家“城市矿产”交易所

2011 年 6 月 30 日中国第一家专业从事“城市矿产”交易的交易所——武汉城市矿产交易所在武汉揭牌。交易所由武汉市青山区国有资产经营公司、武汉光谷联合产权交易所、武汉供销集团股份有限公司等单位联合发起设立。

该平台具有信息发布、交易服务、交易鉴证、融资咨询服务等四大功能。平台交易采用全会员制，无论是需求企业还是提供城市矿产资源的企业，都可申请成为交易所的会员供求信息在网上发布并进行竞价交易②。交易所初期将重点服务企业、服务武汉“1+8”城市圈“两型社会”建设，逐步向中国发展。

59．中国规模最大的城市矿产资源循环产业园

2011 年 11 月 1 日国内最大规模的城市矿产资源循环产业园，在湖北荆门市

① 刘波：《首批废弃电器电子产品处理目录对中国废弃电子电器回收现状影响》，载《家电科技》，2011（8）：16-18 页。

② 《城市矿产两年交易额过亿》，载《中国资源综合利用》，2013（3）：5 页。

开工建设①。这个由国内循环经济领军企业——格林美股份有限公司投资建设的产业园，将建设再生资源交易中心与专业集散大市场、废旧线路板和废五金处理与稀贵金属回收、废钢与报废汽车拆解利用等三个项目，年处理废旧线路板、报废汽车等废弃物量达到 70 万 t 以上，成为世界先进的废旧线路板、报废汽车的循环利用基地。

60．中国首家循环消费主题“3R 循环消费社区连锁超市”

2012 年 10 月 18 日格林美股份有限公司建立的以循环消费为主题的中国首家“3R 循环消费社区连锁超市”在湖北省武汉市和荆门市两地三店首次亮相。这是中国第一家集低碳商品销售、二手商品寄卖及再生资源交易与循环利用于一体的新型循环消费超市②。

在新开张的 3R 店中，低碳产品占所有商品比重高达 90%以上。格林美 3R 超市创造性引入“碳揭露计划”与“碳积分计划”，让低碳名副其实，让低碳消费人人参与，让减碳指标人人量化，构建中国社区居民全面参与减碳减排的评估、量化、累计、核查的低碳消费与低碳信息系统，建立中国公民减碳减排的信誉体系，在方便大家购买便民商品的同时享受低碳消费的乐趣和价值③。

61．中国建设首个大型沼气工程 CDM 项目

2009 年 4 月 27 日，中国在联合国成功注册的首个特大型沼气工程清洁发展机制（CDM）项目——山东民和 2 万 m^3 沼气工程项目。该项目每年可处理鸡粪 18 万 t、生产沼气 1 095 万 m^3、生产有机肥 25 万 t、发电 2 190 万 kW·h，年减排温室气体 6.7 万 t 二氧化碳当量、CDM 年收益达 630 万元，能够产生巨大的经济和环境效益④。项目买方为世界银行，购买期限为 10 年。

---

① 参见湖北荆门开建国内最大城市矿产资源循环产业园，2017-03-15[2017-03-15]，http：//news.cnhubei.com/wmkhb/201111/t1872583.shtml。

② 参见 3R 循环消费社区连锁超市，2017-03-15[2017-03-15]，http：//www.gemchina.com/3Rxunhuan xiao feiliansuoshequch。

③ 参见中国首家循环消费连锁超市亮相湖北，2017-03-15[2017-03-15]，http：//www.hb.xinhuanet.com/newscenter/ 2011-10/18/content_23921692.htm。

④ 黄朝武：《中国首个大型沼气工程 CDM 项目成功运行》，载《农业技术与装备》，2009（11）：39 页。

CDM 是发达国家和发展中国家合作控制温室气体排放、应对气候变化有效且双赢的机制。通过在发展中国家开展 CDM 项目合作，发达国家能够以较低的成本获得温室气体减排量，发展中国家则能够获得资金和先进技术。

62．中国启动首个户用沼气 CDM 项目

2009 年，中国在联合国成功注册了首个户用沼气 CDM 项目——湖北恩施农村户用沼气项目。该项目由农业部科教司组织、中国农业科学院农业环境与可持续发展研究所主持开发。买方为世界银行，购买期限为 10 年。项目年核证减排量 58 444 t 二氧化碳当量，预计 10 年可为 313 万农户带来近 6 000 万元的直接经济效益[①]。

63．欧盟启动《报废电子电气设备指令》

电子电气设备是欧盟增速最快的废物来源。这种废物通常含有能够造成土壤污染、地下水污染和为消费者带来健康隐患的危险物质。欧盟指令 2002/96/EC——《报废的电子电气设备》（WEEE）指令于 2003 年正式出台，其实施目的在于减少电气电气设备废物产生量，鼓励电子电气产品的恢复、再用与回收。该指令旨在促进可持续性生产与消费，改善参与电子电气设备生命周期的各实体环保绩效。

为加强电子电机设备的管理，2008 年 12 月欧盟委员会启动了修订提案，直至 2012 年 1 月 19 日，欧洲议会才通过指令。WEEE 第二版历经 4 年之修订，终于在 2012 年的 7 月 24 日发布，发布日后 20 天正式生效实施。新的 WEEE 指令，自 2018 年 8 月 15 日起，将电子电气设备重新分类成附录III的 6 大类产品，并采取开放式范围（意即未列入的产品亦属规范范围），除非列于指令第二条（3）及（4）项目中的排外应用。而 2012 年 8 月 13 日至 2018 年 8 月 14 日的过渡期间，规范的类别与范围仍与先前的 2002/96/EC 指令相同。

64．中国启动首个废旧家电处理试点项目

为推动中国废旧家电回收处理，促进资源循环利用，经国务院批准，国家发

---

① 薛亮，李谦，邓良伟：《充分发挥沼气建设在转变农业发展方式中的重要作用》，载《农业经济问题》，2010（8）：4-7 页。

改委于 2003 年 12 月确定了浙江省、青岛市为国家废旧家电及电子产品回收处理体系建设“一省一市”试点；此外，近期又增加了天津、北京两个试点。这四个试点分别是北京华星集团环保产业发展有限公司、天津和昌环保技术有限公司、青岛新天地生态循环科技有限公司、杭州大地环保有限公司。

65. 中国启动“城市矿产”基地建设

“城市矿产”是对废弃资源再生利用规模化发展的形象比喻，是指工业化和城镇化过程中产生和蕴藏于废旧机电设备、电线电缆、通信工具、汽车、家电、电子产品、金属和塑料包装物以及废料中，可循环利用的钢铁、有色金属、贵金属、塑料、橡胶等资源。其利用量相当于原生矿产资源。开展“城市矿产”示范基地建设是缓解资源瓶颈约束，减轻环境污染的有效途径，也是发展循环经济、培育战略性新兴产业的重要内容。

从 2010 年开始，通过 5 年的努力，在全国建成 30 个左右技术先进、环保达标、管理规范、利用规模化、辐射作用强的“城市矿产”示范基地。推动报废机电设备、电线电缆、家电、汽车、手机、铅酸电池、塑料、橡胶等重点“城市矿产”资源的循环利用、规模利用和高值利用。开发、示范、推广一批先进适用技术和国际领先技术，提升“城市矿产”资源开发利用技术水平。探索形成适合我国国情的“城市矿产”资源化利用的管理模式和政策机制，实现“城市矿产”资源化利用的标志性指标。

66. 清华大学系统提出城市矿产资源梯级回收的调控模式

清华大学李金惠、曾现来等基于 2000 年以来在电子废物、报废汽车等领域的广泛研究，提出了产品类废弃物的城市矿产资源梯级回收的资源化调控模式，即资源回收的优先顺序①：第一级为经过经维修（repair）后的再利用（reuse），第二

---

① Zeng，X.，Li，J. and Liu，L.：Solving spent lithiumion battery problems in China：Opportunities and challenges. Renewable and Sustainable Energy Reviews，2015（52），1759-1767。

Li，J.，Zeng，X. and　Stevels，A.：Ecodesign in Consumer Electronics：Past，Present and Future. Crit. Rev. Environ. Sci. Technol.，2015（45），840-860。

Zeng，X. *et al.*：Current Status and Future Perspective of Waste Printed Circuit Boards Recycling. Procedia Environmental Sciences，2012（16），590-597。

级为经拆卸（disassembling）后的再制造（remanufacturing），第三级为经拆解（dismantling）后的再回收（recycling），第四级为回收后的再循环（recovery）。

67. 中国启动《废弃电器电子产品回收处理管理条例》

为了规范废弃电器电子产品的回收处理活动，促进资源综合利用和循环经济发展，保护环境，保障人体健康，根据《中华人民共和国清洁生产促进法》和《中华人民共和国固体废物污染环境防治法》的有关规定，制定《废弃电器电子产品回收处理管理条例》，已经2008年8月20日国务院第23次常务会议通过，自2011年1月1日起施行。

目前该条例废弃电器电子产品处理目录中共覆盖14类电子废物，即电冰箱、空气调节器、吸油烟机、洗衣机、电热水器、燃气热水器、打印机、复印机、传真机、电视机、监视器、微型计算机、移动通信手持机、电话单机等14类产品。

68. 岛国区域电子废物问题的解决：移动式处理设施的应用

电子废物的简单拆除、填埋或越境转移将导致严重的环境污染与资源浪费，这已成为当前世界各国，尤其人口密度高或国土面积小的国家亟须解决的问题。2013年，清华大学李金惠教授的研究团队为实现电子废物回收处置过程的环境保护与资源回收利用，设计了包含拆解、破碎和多层次分离工艺的综合移动回收设施，并对其进行了资源利用效益和环境效能的评估[①]。此设施为显示器和印刷线路板的回收和拆解配备了两个大型标准化和可移动容器。充分的实践证明，此设施能完全分离包括金属、塑料和玻璃在内的有价值资源以便回收，且各项排放达到环境保护和人体健康的标准要求。此综合移动回收设施的应用能够有效解决国土面积较小国家所面临的电子废物问题。

69. 中国新疆首个新能源循环经济项目建成

2013年10月15日，国家重点工程、新疆首个新能源循环经济项目——特变

① Zeng，X. et al.：Solving e-waste problem using an integrated mobile recycling plant，J. Clean Prod.，2015（90）：55-59。

电工新特能源光伏产业循环经济建设项目顺利通过了竣工验收①。2013 年 12 月 19 日，特变电工百兆瓦级大型风光互补荒漠并网示范电站项目一次性并网成功。

该项目从 2012 年 5 月 9 日起全面开工建设，全体建设者高效推动项目建设进度，在开工 12 个月后，于 2013 年 6 月顺利实现单线投入运行，成功产出第一炉合格多晶硅。2011 年 5 月，特变电工新特能源光伏产业循环经济建设项目获得国家发改委的批复，作为国家在新疆批复的首个新能源循环经济项目，该项目是新疆现代产业体系的重要组成部分，也是新疆和国家"十二五"战略的重点工程②。项目采用目前国际最先进的冷氢化技术处理多晶硅副产物，并通过低能耗技术实现四氯化硅、氢气、氯化氢的全回收，形成闭环生产工艺，实现了节能、环保、高效、低成本的循环经济发展模式。

70．清华大学创新开发了电子废物短程资源化高效回收技术

针对现行的废锂离子电池的处理工艺过程存在工艺冗长烦琐、潜在污染大等缺点，2014 年清华大学曾现来、李金惠开发了将水溶性离子液体引入到废锂离子电池预处理过程，利用草酸浸提破碎分离的钴酸锂材料，可以大大缩短传统的强酸浸提、沉淀回收的繁琐过程。研究结果表明，此项创新的回收工艺可以回收废旧锂电池中 98%的钴及 97%的锂资源，有效地实现此类珍稀资源的再生利用③。针对废电路板的无害化及资源化，将水溶性离子液体引入废电路板预处理过程，并开发了自动化快速拆解设备④。

71．中国首个光纤产业循环经济项目开展

2016 年 1 月 22 日，中国首个光纤产业循环经济项目在青海省西宁东川工业

① 参见新特能源股份有限公司网站，2017-03-15[2017-03-15]，http://www.sunoasis.com.cn/about/events.html。

② 张雷：《新疆首个新能源循环经济项目即将建成》，载《陆桥动态》，2013（8）：73 页。

③ Zeng，X. and Li，J.：Innovative application of ionic liquid to separate Al and cathode materials from spent high-power lithium-ion batteries，J. Hazard. Mater.，2014（271）：50-56。
Zeng，X.，Li，J. and Shen，B.：Novel approach to recover cobalt and lithium from spent lithium-ion battery using oxalic acid，J. Hazard. Mater.，2015（295）：112-118。

④ Zeng，X.，Li，J.，Xie，H. and Liu，L. A novel dismantling process of waste printed circuit boards using water-soluble ionic liquid，Chemosphere，2013（93），1288-1294。

园区开展，实施该项目的两家企业分别为青海中利光纤技术有限公司与亚洲硅业（青海）有限公司，两家企业通力合作，通过提高多晶硅副产品四氯化硅纯度，用于光纤预制棒生产的原材料，实现了新能源与新材料两大产业的上下游对接和循环化发展。中国光纤产业中首个实施循环经济模式企业——青海中利光纤技术有限公司上游企业与下游企业毗邻而建，目前这在世界范围内独一无二，也是园区最为成功的一个循环经济项目[①,②]。

亚洲硅业充分利用现有生产工艺和产品、场地以及人才优势，通过不断探索和优化工艺条件，已掌握并完善高纯四氯化硅的生产工艺，本项目的成功实现，打破了国外技术垄断，替代国外进口，同时可以间接降低多晶硅生产的成本，提高副产品四氯化硅的价值，实现四氯化硅的绿色循环，增加公司主流产品的竞争优势，使公司保持在国内多晶硅行业的技术领先优势。

为充分利用光纤预制棒的主要原材料四氯化硅，项目在选址上与亚洲硅业毗邻而建，亚洲硅业负责建设四氯化硅、氢气、氧气、氮气等提纯输送站，建设通往青海中利车间的输送管道，为青海中利生产提供坚强有力保障，为青海中利顺利投产做出了突出的贡献。在有效降低产品成本的同时，实现了企业间产品的循环利用，成为国内光纤产业中第一家实施循环经济模式的典型范例。

亚洲硅业作为西部规模最大的多晶硅生产企业，企业先进的管理模式，人才聚集，管理经验丰富；青海中利作为西部地区新落地第一家研发和生产光纤预制棒和光纤的高新技术企业，始终把技术创新作为企业发展的第一生产力；两家企业紧密合作对完善园区新材料产业链条，增强产业聚集效应推动产业升级起着积极的推进作用。

本项目符合企业、园区和国家的长远发展战略需要，实现了企业间产品的循环利用，对于推动整个中国光通信材料及多晶硅生产的发展和产业结构调整具有重大的战略意义。

---

① 参见易再生网站，2017-03-15[2017-03-15]，http：//www.ezaisheng.com/news/show-32090.html。

② 参见青海新闻网，2017-03-15[2017-03-15]，http：//www.qhnews.com/newscenter/system/2016/01/ 23/011920057.shtml。

72．全球电子废物问题解决的途径

与日俱增的电子废物问题吸引了全球范围内越来越广泛的关注。其中，电子废物的回收效率主要取决于国家法规、技术能力、消费者参与以及无害化处理等。跨地区的电子废物转移可能带来管理混乱及风险失衡。2015 年，清华大学环境学院专家主导的研究团队开展了此项议题的研究。研究对造成此类影响的变量进行了比对研究，以旨在为削减由电子废物积聚及无效回收所带来的风险。研究发现，全面而完善的管理及充分的消费者参与是有效地控制并强化地方性电子废物回收系统的必要前提。同时，为了规范地引导相关行为，此项研究还分析并识别了生态工业园区回收处置的规范流程，而此类经验将可以直接应用于其他国家或地区处理处置相关废物的实践中。此项研究的最终成果发表于 2015 年《环境科学技术》（*Environmental Science and Technology*）杂志 5 月刊中[①]。

73．中国电器电子产品生产者责任延伸首批试点

2016 年 2 月，为贯彻落实党的十八届五中全会精神，探索建立生产者责任延伸制度，引导生产企业履行相关责任，根据工业和信息化部、财政部、商务部、科技部《关于组织开展电器电子产品生产者责任延伸试点工作的通知》（工信部联节函〔2015〕301 号），经企业与第三方机构申报、地方工业和信息化主管部门推荐、专家评审并向社会进行公示，确定了电器电子产品生产者责任延伸首批试点名单。包括了四川长虹电器股份有限公司、珠海格力电器股份有限公司、海信集团有限公司、TCL 空调器（中山）有限公司、TCL 王牌电器（惠州）有限公司、六安索伊电器制造有限公司、安徽尊贵电器集团有限公司、联想（北京）有限公司、联想（上海）电子科技有限公司、华为终端（东莞）有限公司、上海力克数码科技有限公司、源祺节能（科技）上海有限公司、风帆股份有限公司、天能集团（河南）能源科技有限公司、超威电源有限公司等 15 家生产企业和中国通信工业协会、中国电子节能技术协会、中国电池工业协会、中国电子节能技术协会等 4 家第三方机构。

---

① Li，J.，Zeng，X.，Chen，M.，Ogunseitan，O. A. and Stevels，A.：“Control-Alt-Delete”：Rebooting Solutions for the E-waste Problem.，Environ. Sci. Technol. 2015（49），7095-7108。

74．中国电子废物环境管理的经验与教训

2016年，清华大学、深圳大学和联合国大学的研究人员合作对中国电子废物环境管理的经验与教训进行了研究[①]。电子废物已成为环境污染、资源循环利用和可持续行业领域面临的全球性问题。中国是全球电子电器设备的最大生产国和消费国，也是电子废物非法进口和非正规回收而受到严重污染的国家。在过去几十年间，中国展示了电子废物管理的全新变革：从开始的严重污染到现在的立法控制。本研究专门分析了中国过去和现在电子废物管理相关的立法体系，并总结经验与教训。研究最后提出了相应的政策建议，为未来中国电子废物管理改善提供基础资料，并为其他国家和地区提供经验参考。

① Zeng, X., Duan, H., Wang, F. and Li, J.: Examining environmental management of e-waste: China's experience and lessons，Renewable and Sustainable Energy Reviews，2017（72）：1076-1082。

第五章　循环经济的宏观实践

第一节　全球或区域循环经济实践

1．3R 倡议部长级会议提出《国际 3R 行动计划》

2005 年 4 月 28—30 日，在日本东京召开了发达国家 3R 倡议部长级会议，会议就在国际合作框架下进一步充实和强化 3R 达成了一致。按照会议提出的《国际 3R 行动计划》，对 3R 活动的定义为：减量化（Reduce）——减少来自生产和消费过程的废物产生量；再使用（Reuse）——消费后废弃的物品，返回到消费过程，多次重复使用；再循环（Recycle）——对无法利用而进行废物处理后的物质，首先考虑作为原料再循环使用，或者对再循环过程和废物焚烧过程进行能量回收[①]。

2．首届“亚洲 3R 推进会议”和论坛的创建

2006 年 10 月 30 日至 11 月 1 日，在东京举行了“亚洲 3R 推进会议”，这是首次亚洲国家的政策决策者集聚一堂，讨论废物管理和 3R 举措，会议对在亚洲推进 3R 的重要性达成了共识。共有 24 个国家（含 19 个亚洲国家）和 8 个国际组织参加了本次会议。除了重申举措的重要性，参会的国家、国际组织和国际非政府组织和企业都分享了其推进 3R 举措所做的努力，包括对废弃电器电子产品、

① 参见日本环境省网站，2017-03-15[2017-03-15]，http：//www.env.go.jp/recycle/3r/en/index.html。

餐厨废物的3R管理，以及医疗废物的管理措施。

2009年11月，日本和联合国区域发展中心（UNCRD）共同主办了创建“亚洲3R区域论坛”的会议，并在论坛上通过了《创建亚洲3R论坛的东京3R宣言》。这一论坛作为在亚洲推广3R的平台，旨在促进3R倡议，并在亚洲创建循环经济社会[①]。迄今为止，这一论坛已成功举办了七届。

3．八国集团环境部长会议通过《神户3R行动计划》

2008年5月26日，在日本神户举办的八国集团环境部长会议通过了《神户3R行动计划》，倡导优先实施与3R相关的政策，提高资源的利用率，合作促进在世界范围内构建循环型社会，推动相关原料、产品等的国际流通[②]。会议代表们指出，由于缺乏对废弃物进行适当环境管理以及与3R相关的技术能力和知识，许多发展中国家面临着环境风险，认为有必要通过支持《控制危险废物越境转移及其处置巴塞尔公约》的实施，使3R行动能够为发展中国家的废弃物管理做出贡献。

《神户3R行动计划》提出应利用多国间合作框架、国际机构的能力和专业知识，构建信息共享等机制，合作帮助发展中国家提高3R能力，同时促进向发展中国家转让相关技术，推动发展中国家的环境教育。

4．七国结为资源效率联盟

2015年6月7日至8日，在德国巴伐利亚州召开的七国峰会上，美国、加拿大、英国、法国、德国、意大利、日本发表了七国领导人宣言，结成资源效率联盟，作为各方利益相关者，包括政府、企业、研究机构和消费者共同分享资源效率的最佳实践和经验教训的论坛。七国重申了保护自然资源与自然资源的全生命周期高效利用的重要性，强调了其在经济、环境和社会三方面的可持续性的积极作用。同时，宣言指出全生命周期思维有助于关注自然资源使用的不同潜力。七国将致力于在现有的国家和区域活动中（如《神户3R计划》）提升资源效率，采取相应的措施加强工业竞争力、保障就业、推动环境保护。

---

① 参见日本环境省网站，2017-03-15[2017-03-15]，http：//www.env.go.jp/recycle/3r/initiative/en/index.html。

② 参见日本环境省网站，2017-03-15[2017-03-15]，http：//www.env.go.jp/recycle/3r/en/g8_0805.html。

七国将在资源效率联盟框架下每年至少举办一次系列研讨会，其主题包括：（1）商业行为与最佳实践；（2）有利于资源效率发展的政策框架；（3）基于全生命周期理念的资源效率的决策工具、数据、概念和方法；（4）工业共生（服务共享、设施共享、废物交换）；（5）对中小企业的支持，包括具体工具；（6）特定领域的政策措施和最佳实践；（7）可持续产品与采购、绿色公共采购、本地供应链、将资源效率纳入政府部门决策的因素；（8）循环经济、生态设计、共享经济与再制造；（9）促进资源效率的研发和创新，将资源效率纳入学校课程和培训内容中；（10）国际论坛和国际组织的相关活动；（11）与发达国家的双边合作经验，G7 国家与这些发达国家的可能的方式合作和支持方式；（12）使用可持续利用的可再生资源替代不可再生资源的可能性。

5．联合国环境大会决议首提“循环经济”一词

2016 年 5 月 23 日至 27 日，在肯尼亚的内罗毕召开了联合国环境大会第二届会议。5 月 27 日，会议通过可持续消费和生产决议（UNEP/EA.2/Res.8）。这是“循环经济”一词首次出现在联合国决议中。决议指出“回顾实现可持续消费和生产的重要性，并注意到所有国家都应采取行动，其中发达国家带头，同时考虑到发展中国家的发展和能力，并酌情承认在国家和区域两级适时使用不同方法，包括可持续材料管理、材料循环社会概念以及循环经济方法等在内的各种系统性方法，可促进可持续消费和生产”。

决议“鼓励所有会员国以及其他相关利益攸关方实现可持续消费和生产模式，同时考虑国家发展优先事项、政策和战略，并合作以：

（1）酌情促进生命周期办法，包括资源效率和可持续的使用和管理资源，以及科学办法和传统知识办法，“从摇篮到摇篮”的设计以及 3R 概念（减量、再用和循环）和其他相关办法。

（2）促进包括就材料、货物和服务的生命周期办法交流经验和能力建设在内的行动，以更高效地使用资源。

（3）推动将可持续性纳入货物和服务生命周期的每个阶段。

（4）提高使消费者、投资者、企业和政府做出知情决定的信息的可得性。

（5）邀请企业采用可持续的做法，并按照不断变化的国际标准继续加强对可

持续性信息的报告。

（6）强化有利环境，以形成公正合理的二级材料市场。

（7）结合国家优先事项和国情，设计并落实国家可持续消费和生产政策及行动计划或更广泛的可持续性战略，将可持续消费和生产作为其中的一部分。

（8）将可持续消费和生产纳入教育和培训，以推动所有国家转向可持续的消费和生产模式。

6.《循环经济 100 计划》

2013 年 2 月，艾伦・麦克阿瑟基金会（Ellen Macarthur Foundation）启动了《循环经济 100 计划》（Circular Economy 100，CE100）。这一竞争性的创新计划旨在帮助各类机构开创新机遇，加速实现循环经济转型，为城市、政府部门、高校、研究所、新兴投资商和公司，如苹果、谷歌、思科、可口可乐、eBay 与 IBM 等，提供一个多利益相关方的交流平台。与传统的“原材料获取、产品制造、废弃”的模式不同，CE100 计划强调要在全生命周期维护产品和材料的效用和价值[①]。

7．英国绿色联盟发布《建设资源弹性的英国》

2013 年 7 月，英国独立的咨询机构绿色联盟下属的循环经济工作组发布了咨询报告《建设资源弹性的英国》（Resource Resilient UK）[②]。报告指出，过去 5 年来，资源安全议题引起了英国上下的广泛重视，而资源安全议题与环境议题密不可分。无论是水资源的短缺，还是石油等能源价格的上涨，以及土地资源的限制，都向可持续发展议题提出了挑战。通过大量的案例调研，该研究团队认为，再生利用和再制造是解决资源短缺问题的根本举措。实现再生利用和再制造并不能单纯依靠企业，或者政府，而需要伙伴关系，共同将资源安全的风险传递给社会公众，促进政府—社会—企业的合作关系，促进循环经济体系的设计[③]。

① 参见艾伦阿瑟基金会网站，2017-03-15[2017-03-15]，https：//www.ellenmacarthurfoundation.org/ce100。

② Dustin Benton and Jonny Hazell：Resource resilient UK：A report from the Circular Economy Task Force，Green Alliance，2013。

③ 李明，朱德米：《美英日等国家再制造业研究》，载《中国资源综合利用》，2014（32）：39-44 页。

8．“促进循环与共享经济项目”启动

2014 年，世界经济论坛与艾伦·麦克阿瑟基金会启动了“促进循环与共享经济项目”（*Accelerating Circular and Sharing Economy Project*）旨在揭示如何在宏观和微观层面上将现有的制造、生产和消费体系，转型为循环/共享经济的模式，由此将激发数字创新、可持续性、民主化创造就业机会和经济增长等的巨大潜能，从而为全球经济带来上万亿美元的机遇[①]。

该项目通过引导全球层面的国际机构、跨国企业与区域、国家、地方层面的具有先进意识的政府、企业和社会团体等进行对接，来构建一个识别和启动公共私营活动的团体，以加速全球向循环和共享经济的转变。这一项目将主要在全球至少 4 个区域、国家、省份开展，包括中国广州、东非的卢旺达、欧洲的荷兰、拉丁美洲、日本和美国。

9．“主流项目”

2014 年，世界经济论坛与艾伦·麦克阿瑟基金会共同发起了“主流项目”（*Project Main Stream*），旨在加速商业创新，促进循环经济规模化发展，培养公众发展循环经济的意识，加强循环经济的影响和实施。该项目重点关注打破对于企业、城市或政府等独自克服过于困难的过于庞大和复杂的全球物质流的系统僵局，并加速循环经济实现工具的推广使用，如数字技术等。项目由 7 个全球国际公司的 CEO 联合领导项目的实施，包括阿旺达（Averda）、得嘉（Tarkett）、皇家帝斯曼集团（Royal DSM）、艺康（Ecolab）、飞利浦（Philips）、苏伊士（SUEZ）和威立雅（Veolia）。

10．“循环型城市网”

2015 年，艾伦·麦克阿瑟基金会启动了“循环型城市网”，旨在为正在创建循环型城市的领跑城市提供一个信息交流的平台[②]。到 2050 年，将会有 75%的人

---

① 参见世界经济论坛网站，2017-03-15[2017-03-15]，https：//www.weforum.org/projects/circular-economy。

② 参见艾伦阿瑟基金会网站，2017-03-15[2017-03-15]，https：//www.ellenmacarthurfoundation.org/programmes/government/circular-cities-network。

口居住在城市中，如此快速的增速会给城市资源带来较大的压力。与此同时，城市是经济增长的载体，目前全球85%的GDP来自城市中的经济活动。这使得城市具有向循环经济转型的巨大的催化作用，并将从转型中获益最大。全球城市领跑者需要重新审视当前城市体系的运作方式，从过去的错误中汲取教训，在未来城市的建设中实践这些知识，以实现资源的可持续供给，构建具有活力的经济，促进社会的长期繁荣，提升居民生活质量。

“循环型城市网”将促进全球城市的学术研究者和循环经济实践者的积极对话和先进理念的交流，每季度提供免费的创新建设循环型城市的前沿座谈，由艾伦·麦克阿瑟基金会的先锋高校之一的伦敦大学学院及其新设立的循环型城市研究中心提供技术支持。目前共有12个网络成员城市，即奥斯汀、博尔德、哥本哈根、卢布尔雅那、伦敦、纽约、彼得伯勒、凤凰城、里约热内卢、特拉维夫、多伦多、温哥华。

第二节 欧盟国家的循环经济实践

1. 德国《废弃物限制与废弃物处理法》

1986年，德国政府基于《废弃物处理法》修订颁布了《废弃物限制与废弃物处理法》，首次对产品生产者的责任进行规定，强调要采用节约资源的工艺技术和可循环的包装系统，并把避免废物的产生作为废物管理的首选目标。发展方向从“怎样处理废弃物”提高到了“怎样避免废弃物的产生”，规定了预防优先和垃圾处理后重复使用的原则，从法律上确定了废弃物管理的优先顺序是“避免产生→循环使用→最终处理”，在此背景下，最初德国采取自愿的方式，要求工商界减少包装，提高再利用率。当这个手段失败的时候，德国政府开始正式立法[①]。

① 藏漫丹：《城市循环经济的治理理论与应用研究》，同济大学，2006。

2．德国双向回收网络系统和“绿点”标志体系

在再生资源的回收和利用方面，德国于 1990 年 9 月 28 日建立了一个特色系统是双向回收网络系统（DSD）和“绿点”标志体系，是在德国工业联合总会、工商业协会支持下，由 95 家公司成立的一个专门组织对包装废弃物进行回收利用的非政府组织。DSD 接受企业的委托，由生产者支付一定的费用，对贴有“绿点”标志的包装进行分类、清洗、回收，然后送至相关的资源再利用厂家循环使用，能直接回收利用的包装废弃物则送至制造商①。随着新技术的应用，包装废物分类、处理及循环再造效率迅速提高，通过与各地废物处理机构合作，DSD 已建成了一个全面的废弃物收集体系。

如果某企业不使用“绿点”商标，那它就是没有参与此系统，那么他必须自己回收再利用，完成规定的限额并拿出证明。如果某企业在产品包装上使用了“绿点”商标而没有为此支付费用，该行为违反商标法并将受到惩罚。为了提高包装品回收率，德国环境保护部制定了押金制度，顾客在购买所有用塑料瓶和易拉罐包装的矿泉水、啤酒、可乐、汽水等饮料时，均须支付相应的押金。押金制度不仅提高了包装品的回收率，更让消费者改变了使用一次性饮料包装的消费习惯，转向使用更有利于环保的可多次利用的包装品，对节能降耗和环境保护大有裨益。

3．世界首部循环经济综合性法律《物质闭合循环与废物管理法》

1994 年德国制定了《物质闭合循环与废物管理法》，这是世界上第一次在国家法律中出现循环经济概念，把废弃物处理提高到发展循环经济的思想高度，成为世界上第一部有关循环经济立法的综合性法律。该法是德国发展循环经济的“总纲”，规定对废物问题的优先顺序是：避免产生、循环使用、最终处置。该法指出，经济发展的自然规律要求企业在生产消费的过程中必须严格遵守循环经济的准则，生产者在生产的初期就应尽量避免废弃物的产生，要采取技术手段或产品替代取缔能产生废弃物的原料，在无法避免的情况下，应引进循环再利用技术延长产品使用周期，该法于 1996 年正式实施。其核心思想是促使生产者对其产品的整

① 孙佑海，张天柱：《循环经济立法框架研究》，北京，中国法制出版社，2008。

个生命周期负责，生产者必须承担废物利用或清除的费用。借此促进企业内部以至企业之间的物质再循环，实现封闭物质循环的目标。

《物质闭合循环与废物管理法》的重要原则和思想体现在 8 个方面：（1）将垃圾管理从本国独立处理扩大到欧洲范围；（2）以闭合的方式进行垃圾管理；（3）垃圾只有在由于技术、生态或经济原因无法进行重复利用的情况下才可以废弃；（4）重复利用活动的主要目的应当是节约自然资源和保护环境；（5）在特定情况下使物质的能量得到重复利用；（6）促进私营企业参与废弃物管理（产品回收二元体系）；（7）使生产者通过分类收集体系或现有公共体系承担回收责任，包括废油、包装废弃物、电池、报废汽车和电子垃圾等；（8）建立工业社会生态化的新模式。列入循环经济需回收利用的产品有：废包装、废旧车辆、废旧电子器件设备、废旧电池、生物废弃物、建筑废墟、废地毯和纺织物、废弃木材等，并建立了与之配套的法律体系。在《物质闭合循环与废物管理法》的框架下，还根据各个行业的不同情况，制定了促进各行业垃圾再利用的法规，使饮料包装、废铁、矿渣、废汽车、废旧电子商品等“变废为宝”。

4．德国《国家可持续战略 2002》

在《国家可持续战略 2002》中，德国政府设立的两个资源生产率主要目标仍然具有效力。第一个目标值为相比于 1994 年资源生产率到 2020 年提高一倍的目标，使德国成为资源效率提高的国际领跑者。截止到 2010 年，资源生产率已经比 1994 年提高了 47.5%。第二个主要目标值为以 1990 年为基数，到 2020 年实现能源生产率翻倍。与此同时，该战略还提出相比 2008 年，到 2020 年主要能源消耗减少 20%；相比 2008 年，到 2050 年主要能源消耗减少 50%。这一非生物原材料生产率翻倍的目标与“德国资源效率计划”的主要目标一致①。

《国家可持续发展战略（2002）》中定义了衡量资源效率改善情况的主要监测指标，包括：（1）原材料生产率监测指标——国内生产总值（GDP）/国内非生物材料密度（DMI）；（2）能源生产率监测指标——国内生产总值（GDP）/主要能源使用总量；（3）总能源使用量中可再生能源所占的比例。

① 参见 The German government’s policy，2017-03-15[2017-03-15]，http：//www.bmub.bund.de/en/ topics/economy- products-resources-tourism/resource-efficiency/general-information/。

5．德国建立了“资源效率工作组”，颁布《德国资源效率计划》

2007 年德国建立了“资源效率工作组”，以期整合现有资源效率提升的技术力量和相关经验，促进领域内各方利益相关者在政策、商业、科学研究等方面的交流与合作。这一工作组的首要目标是使德国经济在 2020 年成为世界资源效率最高的国家，成为减少能源与原材料对环境影响及其环境安全使用领域的开拓者。

2012 年 2 月，德国政府颁布了提高资源效率的综合性战略措施，即《德国资源效率计划》（ProgRess）。这一计划的颁布是为了实现德国可持续发展战略的目标，其主要目标在于通过构造国内外自然资源开采和使用的可持续方法，并尽可能减少由自然资源开采和使用导致的环境污染。计划涵盖了整个价值链，旨在保障原材料的可持续供应，提高生产过程的资源效率，提升消费过程的资源效率，加强资源高效闭环管理和相应管理手段的使用。该计划共设立了 20 项战略措施和支撑管理办法，强调市场激励、信息、专家建议、教育、研究和创新、加强工业和社会自愿性措施和活动①。

《德国资源效率计划》的 4 项指导原则为：（1）加入生态与经济机会必需品，创新支持和社会责任；（2）将全球责任作为德国资源政策的重点；（3）逐渐降低德国经济和生产实践对主要资源的依赖，发展和扩大闭路管理；（4）通过引导社会向质量增长发展，来确保长期的可持续资源利用。

6．荷兰启动“从废物到资源的 VANG 项目”

2014 年荷兰启动了“从废物到资源的 VANG 项目”，旨在实现所有原材料的资源循环，建设可持续生产、消费和回收模式②。项目涵盖了广泛的废物领域主题，对荷兰的资源效率问题做出了全面的战略部署，关键目标包括：到 2020 年，荷兰成为“循环经济热点国家”，家庭废物分类收集率达 75%，10 年内将废物填埋率和焚烧率减少一半，提升资源循环利用率。

---

① The EEA report More from less-material resource efficiency in Europe and the 32 country profiles. Country profile GERMANY。

② 参见 Government Going Circular 网站，2017-03-15[2017-03-15]，http://govsgocircular.com/cases/vang-from-waste-to-resource/。

7. 荷兰启动“加速实现循环经济项目”

为了进一步将荷兰建设成为“循环经济热点国家”，2014 年 9 月，“循环经济组织”[①]启动了“加速实现循环经济项目”（the Realisation of Acceleration of a Circular Economy，RACE），并由荷兰总理马克·吕特（Mark Rutte）监督项目实施[②]。RACE 项目的主要工作包括：定义与激励循环经济设计；促进产品的高质量再使用；分析实施循环经济转型的障碍；开展循环经济示范项目，总结凝练先进模式；提升民众循环经济理念；加强青年精英对循环经济转型工作的参与。

8. 英国发布《资源安全行动计划》

2012 年 3 月 16 日，英国商业、创新和技能部与环境、食品和农村事务部共同发布了一项《资源安全行动计划》（*Resource Security Action Plan*），以帮助英国企业提取和再利用这些贵金属，确保英国企业能够更好地应对资源供应量和价格方面的变化[③]。

《资源安全行动计划》旨在更好地协调企业和产业之间的关系，并且确保相关方及时了解资源可用性方面的信息，从而做出正确的选择。《资源安全行动计划》是在与企业、废弃物管理公司以及制造公司等磋商后最终制订的。参与方包括英国工业联合会、英国工程雇主联合会、奥尔德斯盖特集团、环境工业委员会、英国环境管理与评估协会、绿色联盟、劳斯莱斯公司、通用电气公司、威立雅公司和西塔公司。很多从事矿物和金属生产的小公司和用户公司也召开了多次会议，就这些问题向政府提出建议。

《资源安全行动计划》的具体行动包括：

• 为地方企业提供 20 万英镑的财政支持，鼓励它们研究回收和再利用贵金属的新方法。环境、食品与农村事务部将与技术战略委员会共同帮助企业与地方当

---

① 参见 Circular Economy 网站，2017-03-15[2017-03-15]，http：//www.circle-economy.com/。

② 参见 Luxembourg EcoInnovation Cluster 网站，2017-03-15[2017-03-15]，http：//www.ecoinnovationcluster.lu/News/Netherlands-pulls-ahead-in-circular-economy-race。

③ 参见 Department for Business，Innovation and Skills，Department for Environment，Food and Rural Affairs.Resource Security Action Plan：Making the most of valuable materials，2017-03-15[2017-03-15]，https：//www.gov.uk/government/publications/resource-securityaction-plan-making-the-most-of-valuable-materials。

局及当地社区建立更好的伙伴关系。制造商、废弃物处理公司和地方当局之间良好的合作关系可以实现产品的重新设计，从而简化贵金属的回收流程。

• 构建产业发展指引蓝图，可以引领企业制订全面的、有前瞻性的发展蓝图，蓝图涵盖英国企业面临的风险以及在国际市场上能够利用的发展机会。

• 绘制电子废物中的贵金属流向地图，通过绘制地图来标明电子电器设备中的贵金属所在地、以何种方式进入以及流出英国等信息。企业掌握这些信息可以更好地进行自主创新。同时也将整合欧洲的科研力量研发更高效的贵金属回收利用方法，最大限度防止贵金属变为废弃物。

• 建立一个网站，为企业提供所需贵金属资源当前以及未来的可用性，帮助企业预测风险和机遇，以及针对可能出现的供应问题制订应急计划。

9. 欧盟出台《原材料行动计划》

由于欧盟的“高技术”金属如钴、铂、稀土、钛等严重依赖于进口，为探索确保原材料供应的政策，欧盟委员会于 2008 年出台《原材料行动计划》（the EU Raw Materials Initiative），以制订一个综合性策略来应对非能源、非农业的关键性原材料的挑战，保证在第三国家（与资源大国如中国以及资源进口依赖程度大的国家如美国和日本进行合作，逐步消除贸易壁垒出口壁垒）以及欧盟国家（建立良好的沟通机制，开展合作调研）的原材料供应，提高资源利用率和循环使用。

该战略主要基于如下 3 个原则：（1）在全球市场上寻求建立更好、更不易遭受破坏的原材料获取渠道；（2）促进来源于欧洲矿床的原材料的持续供给；（3）减少欧盟对初级原材料的消费。

欧盟委员会建议在不同层面实施这一计划，包括：确定关键的原材料；发起与主要工业化国家和资源大国的战略性原材料外交；在适当情况下，在所有双边和多边贸易协定及管制对话中，加入关于获得和持续管理原材料的规定；利用一切现有的机制和手段（包括 WTO 谈判、争端解决和市场准入的伙伴关系），对第三方国家采取的贸易扭曲措施进行确认并提出异议，并优先处理对开放的国际市场破坏最大、不利于欧盟的举措。通过出版关于贸易方面执行情况的年度进展报告来监测进展，以在适当的时候利用利益相关者的投入；通过预算支持、合作战略及其他方式，在开发政策方面促进原材料的可持续获取；通过以下措施，改进与土地获取相关的管制框架：促进在土地利用规划和勘探开采管理条件方面最佳实践的交流；针对 Natura 2000 及其附近区域的开采活动与环境保护之间的协调问题，制定明确的指导方针；鼓励各国地质调查局之间更好地网络化，以提升欧盟的知识基础；在创新勘探与开采技术、回收利用、材料的可替代性和资源效率方面，促进技术发展并开展集中研究；提高资源效率并培育原材料替代品；促进原材料的循环利用，并在欧盟推动辅助原材料的利用。

10．欧盟发布《欧洲资源效率发展路线图》

2010年3月发布的《欧洲2020战略旗舰计划》(*Europe 2020 Flagship initiative*)提出要建设资源节约型欧洲，这一目标亟须一份涵盖资源有效利用中长期目标以及实现这些目标的途径等具体内容的路线图来做支撑。为此，2011年9月20日，欧盟委员会发布了基于德国政府《废弃物处理法》修订颁布了《欧洲资源效率发展路线图》(*The Roadmap to a resource efficient Europe*)，这份路线图以战略旗舰计划下的其他计划为基础，并且和它们互为补充。

《欧洲资源效率发展路线图》旨在到2050年将欧洲经济转变成为可持续发展型经济，实现资源节约型经济增长，这对于欧洲未来的福祉和繁荣至关重要。路线图指出了消耗资源最多的经济部门，并且给出了相关工具和指标来帮助引导欧洲和国际的相关经济社会活动。这是一份提高竞争力和实现经济增长的议程，通过回收利用、更好的产品设计、材料替代和生态工程等创造新的商机和就业机会。

路线图中制定的诸项措施旨在转变生产和消费方式，激励投资者进行绿色创新，更大地发挥生态设计和生态标签的作用，促进公共机构的绿色消费。鼓励政府将税收从劳动力转移到污染和资源中，并且提供新的税收激励机制促使消费者选择资源节约型产品。路线图还建议对价格进行调整以便反映资源使用的真实成本，尤其是环境和健康方面的成本。

该路线图旨在针对某些资源利用效率低下的领域，这些领域对环境的影响最大，即食品、建筑和流通性领域，这些领域对环境的影响占总体的70%～80%。此外，由于自然资源是支撑经济发展的基础，所以路线图同时也强调了更有效地管理自然资源的重要性。

该路线图介绍了一种适用于整个欧盟和各成员国且横跨多个领域的综合方

法，它包括立法、市场调控手段、融资方式的改革以及可持续生产和消费方式的推广普及等。欧盟委员会将制订适当的政策和法律法规来实施该路线图。各成员国也需要在其国内采取行动，为企业和消费者提供可以提高资源利用效率的新举措。

11．欧盟发布《建设资源高效的欧洲宣言》

2012年12月17日，欧盟资源效率联盟（European Resource Efficiency Platform）发布了《建设资源高效的欧洲宣言》（*Manifesto for a resource-efficient Europe*），旨在推动社会共同建设资源高效的、可适性强的循环经济[①]。其具体内容包括：

（1）鼓励创新。加速包括中小企业在内的资源高效技术、体系和技能的公共和社会投资，建立动态的、具有指向性的政策、经济和规章制度，搭建相应的财政支持体系，加强资源效率产品的公用事业的财政支出和采购。

（2）实施、使用和采纳高效的法规、标准和行为准则，以①提倡营造公平竞争的氛围；②鼓励行业领军人物和企业；③加速向资源高效社会的转型；④提升欧盟建设资源高效国家工作的社会和国际影响。

（3）废除对环境有害的补贴和税收减免，不再投入公共资金资助过时的做法，加大对收入极低的生活困难人群的补贴。将劳动就业的税收负担转用于鼓励发展资源效率，并通过税收和收费刺激创新发展，建立具有充足的就业机会、社会凝聚力强的资源节约型和抵御气候变化的经济。

（4）为全生命周期环境影响较低的产品和服务，以及耐用性强、可维修、可回收的产品，营造更好的市场环境，互补淘汰环境效益低下的产品；通过向消费者宣传，采取鼓励措施，促进消费者形成可持续的生活方式；使用最新的行为经济学和信息技术的理念，并鼓励可持续的原料开采、新的商业模式和将废弃物转化为生产原料的企业行为。

（5）在本国、欧洲和全球范围内，梳理与整合运输、食物、水和城市建设等方面的当前和未来的资源稀缺程度和薄弱环节。

（6）为经济建设的各方参与者设立明确的政策导向，制定到2020年建成资源

① 参见 European Commission：“Manifesto for a resource-efficient Europe”，2017-03-15[2017-03-15]，http：//europa.eu/rapid/press-release_MEMO-12-989_en.htm。

高效经济与社会的政策目标，设定发展方向明确的具体目标和指标，以评估土地、材料、水等资源的使用情况，测量温室气体排放、生物多样性的变化。制定的指标必须优于传统经济活动指标，能够为经济建设的各方参与者提供决策支持，辅助政府当局做出及时的行动决策。所有具有一定规模和影响力的组织，均应为测度和汇报关键性非经济进展指数做出相应的贡献。

12．欧盟发布《循环经济一揽子计划》

2015 年 12 月 2 日，欧盟发布了包括《废弃物立法建议》（修订版）等在内的《循环经济一揽子计划》（*Circular Economy Package*），旨在促进欧洲向循环经济转型，从而增强国际竞争力，促进经济可持续发展以及创造更多的就业机会。

《循环经济一揽子计划》提出了一个充满了雄心壮志的《欧盟循环经济行动计划》，其中设立了覆盖商品生产、消费、废物处理到再生原料市场的全过程的管理措施。该行动计划的附件列明了完成各项行动的具体时间表。通过加大回收与再利用力度，该行动计划将有助于实现产品生命周期的“封闭循环”，最终让环境与经济双受益。

废弃物立法的修订建议设立了明确的废物减量化的目标，并建立了废弃物管理和回收的长期发展路径。废弃物立法的修订建议的主要内容包括：到 2030 年，欧盟各成员国实现城市垃圾回收率达 65%的共同目标；到 2030 年，欧盟各成员国实现包装废弃物回收率达 75%的共同目标；设立填埋禁令，减少废物填埋，到 2030 年，城市垃圾填埋比例低于 10%；禁止填埋经分类收集的废物；完善经济措施，不鼓励废物填埋；在欧盟各成员国间，简化和完善回收率定义，统一回收率的计算方法；制定具体措施以促进再利用、激励工业共生，是某一产业的副产品成为另一产业的原材料；设立经济激励措施，鼓励生产商将绿色产品投入市场，鼓励生产者支持产品材料回收利用和产品收集体系的建立，如包装材料、电池、电气和电子设备、车辆等产品。

13．欧盟启动“资源节约型制造项目”

2013 年，欧盟委员会启动了为期 4 年“资源节约型制造项目”（Resource Conservative Manufacturing，ResCoM），以帮助制造商通过产品回收、再制造和再使用来节约原材料的使用[①]。项目由欧盟委员会共同资助，并由12个研究、产业和技术组织实施。ResCoM将开发一系列最佳实践指南，发布可公开获取的同行评议的文章，创建一个由致力于开发闭路循环产品体系原始设备制造商、设计公司、逆向物流供应商和第三方再制造商组成的活跃的团体。

第三节　日本循环经济实践

1. 日本《环境基本计划》首次明确提出"循环"概念

1994年12月日本内阁依据《环境基本法》制订《环境基本计划》，第一次明确提出了"循环"的概念，作为环境政策的一项长期目标，首次提出"实现以循环为基调的经济社会体制"。

2. 日本通过《循环型社会形成推进基本法》

1998年日本制定《新千年计划》，把循环经济作为构建21世纪日本社会发展的目标。1999年7月，通产省产业结构审议会（通商产业大臣的咨询机构）完成了《面向循环型经济系统的构筑》（循环经济远景）的报告。此报告是在受到最终处理场的告急及国民对于二噁英等环境问题的关注程度不断提高的情况下，做出的远景设计及具体施政建议。该报告提出了发展循环经济的基本观点和思路。该报告认为，日本必须扩充以往的再生利用（1R）对策，推进减量化（抑制废弃物的产生）、再使用、再生利用（即再资源化），即所谓的3R对策。该报告还为企事业、地方公共团体、国民应该如何致力于3R设定了规则，为了充分发挥民间活力即市场机制的作用，通过政府对3R技术研发投资的集中实施，也可起到促进新的环保产业的创出和发展的效果。政府根据上述建议，陆续完善了废弃物再生利用的法律体系，对于法律规制对象之外的商品和行业也要根据产业结构审议会制订再生利用指南，在产业活动中自主的致力于循环经济的发展。并且，对于

① http：//www.rescoms.eu/project。

环保城区事业这样的地方自治体作为新兴产业来发展的环保产业，也由政府提供支持。受此建议的推动，日本开始了《资源有效利用促进法》等法律的制订。

2000 年 3 月，通产省产业结构审议会在《21 世纪经济产业政策课题展望》报告中，提出把发展环境产业以及循环经济体系作为改善日本经济结构，提高产业竞争力的重要内容。2000 年 5 月召开环保国会，通过了《循环型社会形成推进基本法》，提出建立“环之国”。2000 年 6 月，正式颁布了该法，这是世界上首次在推动循环型社会形成这个领域的立法尝试。其基本理念是彻底抛弃 20 世纪的“大量生产、大量消费、大量废弃的社会模式”，谋求建立“以可持续发展为基本理念的简洁、高质量的循环型社会”，以及“以清洁生产、资源综合利用、生态设计和可持续消费等为指导思想的、运用生态学规律来指导人类社会经济活动的循环经济发展模式”。以《循环型社会形成推进基本法》的颁布为标志，这一时代的日本正在探索从“追求零排放时代”向环境经营转变。

在《循环型社会形成推进基本法》中，将循环型社会描绘成：循环型社会是最大限度减少废弃物，通过循环利用和对不能循环利用的资源进行合理处置，尽量减少自然资源的消费和最大限度地减少环境负荷的社会。同时，明确了日本开展“3R”的内容和重点。该基本法的目标是由大量生产、大量消费、大量废弃的经济型体制转向为循环型经济体制。主要内容有 6 个方面：（1）关于建立“循环型社会”的概念。所谓“循环型社会”就是指限制自然资源消耗、环境负担最小化的社会。（2）对那些没有考虑其价值而被称为“垃圾”的物质，定义为“可循环资源”并促进其回收。（3）“优先处理”顺序为：垃圾减量→回用→回收→能量利用→安全处理。（4）明确政府、地方主管、企业和公众的责任，鼓励每个人为建立循环型社会做出努力。（5）政府制定《促进建立循环型社会的基本规则》。首先在中央环境委员会颁布的指导原则下，由环境省拟定规划草案；在制订规划时考虑中央环境委员会的意见；制订规划必须通过相关部委和内阁的讨论，以保证政府对措施的执行；一旦内阁对规划做出决定报告议会；明确规划和 5 年评估期；循环型社会基本规划是政府制订其他规划的基础。（6）明确循环型社会的政府措施。此外，该法律还规定了中央政府、地方政府、企业及一般国民在推进循环型社会建设中的相关责任；中央政府负责制订构筑循环型经济社会的基本计划；企业负有减少“循环资源”产生并对其进行循环利用和处理的义务；地方政府具体实施限制废弃物排出并对其进行分类、保管、收集、运输、再生及处理等措施；国民则应尽可能延长消费品的使用时间，并对地方政府或企业的回收工作给予配合。

2000 年被称为“循环型社会元年”或“循环元年”，在这一年，日本国会通过了《推进循环型社会形成基本法》《废弃物处理法》（修订）、《资源有效利用促进法》（修订）、《建筑材料再生利用法》《食品资源再生利用法》《绿色采购法》等 6 项法案。

3．日本发布《推进循环型社会形成基本计划》

依据《循环型社会形成推进基本法》，2003 年 3 月日本政府内阁会议通过了第一个日本《推进循环型社会形成基本计划》（以下简称《基本计划》），并制定了《关于循环型社会形成推进基本计划的具体方针》（以下简称《具体方针》）。《环境基本法》规定，《基本计划》以《环境基本法》中确定的《环境基本计划》为基础而进行制定。另外，在其他的国家计划中，关于循环型社会形成的相关内容，应以推进循环型社会形成基本计划为基础。

《基本计划》的制定经过了周密的论证和严格的程序，中央环境审议会于 2002 年 4 月 1 日之前制订基本计划的具体方针，向环境大臣进行意见陈述，环境大臣听取中央环境审议会的意见陈述后制作基本计划原案，并于 2003 年 10 月 1 日之前（实际上提前至 2003 年 3 月 31 日之前）要求内阁会议必须做出决定。基本计划经内阁会议决定以后，向国会报告、公布。

在《基本计划》制订时，要经过两次听取中央环境审议会意见的程序，这一基本程序能够使作为第三方机构的中央审议会充分发挥其作用。另外，灵活运用中央环境审议会进行听证会、公共评论等程序，确保基本计划充分反映国民的广泛意见。

《基本计划》要求全社会必须实现人与自然关系的转变，实现流量扩大型经济结构向资源存量活用结构转变，实现从“大量生产、大量消费、大量废弃”向“最优生产、适度消费、最少废弃”的转变，把建设循环型的可持续发展社会提升为日本经济社会的总体发展目标，并以国际基本法的形式确定下来。

《基本计划》规定了到 2010 年应完成的三大目标：“资源生产率”（= GDP/天

然资源等投入量）要由 1990 年的 21 万日元/t 上升到 39 万日元/t，大约提高一倍；“资源循环利用率”[=循环利用量/（循环利用量+天然资源等投入量）]要由 1990 年的 8%上升到 14%，大约提高 80%；不进行再生利用和再循环利用的废弃物“最终处理量”要由 1990 年的 11 000 万 t 下降到 2 800 万 t，大约减少 75%。该计划还提出了物质流动指标（Material Flow Indicators）和努力指数（Effort Indices），并基于指标、指数的监测结果确定了具体实施目标。

在《基本计划》和《具体方针》中，日本政府以增进全社会利益的名义，详细阐明了日本推进循环型社会建设的基本思路、价值理念和拟采取的政策手段，即应该做什么和怎么做的问题，从而为推进循环型社会的建设勾画出了一个明确的奋斗目标以及与此相对应的基本原则和各类社会主体的应尽责任——包括政府、国民、民间团体和产业界，因而使得各类行为主体都能及时获取一个明确的行为导向和行为准则。在《指导性意见》中，首次明确了建立循环经济三原则的优先顺序，即减量化（reduce）、再使用（reuse）和再循环（recycle）；也明确了废弃物处理的责任归属，即基于排放者的责任和基于扩展的生产者的责任。

4. 日本发表《可持续开发的科学技术：“3R”行动计划及实施步骤》

2004 年 6 月在美国佐治亚州海岛举行的八国峰会（海岛峰会）上，日本首相小泉提出了加强资源有效利用，通过环境和经济发展齐头并进的“3R”举措以构筑循环型社会的“3R 倡议”。这一提案得到了八国首脑的赞同，即不论是发展中国家还是发达国家，在经济开发时，必须重视保护环境构筑循环型社会：减少废弃物的产生、促进资源和产品的再生利用和循环利用。此外，日本首相小泉在八国峰会上发表了题为《可持续开发的科学技术：“3R”行动计划及实施步骤》的文件[①]。

5. 日本发布第二个《推进循环型社会形成基本计划》

2003 年，日本环境省第一个《循环型社会形成推进基本计划》实施 5 年后，于 2008 年 3 月公布了新的《循环型社会形成推进基本计划》(以下称《新基本计划》)。

---

① 参见 G8 峰会网站，2017-03-15[2017-03-15]，http：//www.g8.utoronto.ca/summit/2004seaisland/index.html。

《基本计划》规定到2010年核心物质流指标值为：资源生产率39万日元/t、循环利用率14%、最终处理量2 800万t。而到2005年，日本的资源生产率就达到33万日元/t，比2003年提高25%；循环利用率为12.2%。比2003年提高2.2%；废弃物最终处理量为3 200万t，比2003年减少43.9%。

《新基本计划》将以下4个领域作为循环型社会建设的重点：（1）对于计划列出的所有指标完成情况、各种措施执行情况，以及各相关主体履行职责和发挥作用的状况评价；（2）针对温室气体排放增加的现实，将建设循环型社会和低碳社会的措施整合；（3）如何进一步推进国内、国际循环型社会的建设；（4）各主体如何通力协作解决以下7个课题：通过地方自治团体的努力构筑区域循环圈；百年后能传给后代的生活方式；实现环境和经济两型循环的商业方式；以减量化为核心的“3R”措施的进一步发展；“3R”技术和体制的高度化；准确掌握、传播信息并培养人才；有利于国际性循环社会的构筑[①]。

6．日本发布第三个《循环型社会形成推进计划》

继2008年3月日本环境省公布了第二个《循环型社会形成推进基本计划》，实施五年后，第三次计划已于2013年5月31日在日本政府内阁会议通过了第三个《循环型社会形成推进基本计划》[②]。第三次计划中，预测，资源价格的暴涨已警示，今后全球性资源制约会越来越严重。针对这一趋势，第三次计划提出，要进一步提高资源生产效益、循环利用率及最终处理量等目标。力争构筑以更少资源创造更高价值的社会。高质量的资源循环是指较回收利用更要优先推进废弃物减量以及再利用，并将重点放在资源的稀少性及可再生性上，提高回收利用水平。

日本将转变“3R”（减量/重复利用/再资源化）政策，新版《循环型社会形成推进基本计划》注重从“量”向“质”转变，并将工作的重点也将放到再资源化以外的“2R”上。目前，在“3R”中，再资源化措施的进展最快，但再资源化在“3R”中的优先度最低。因此，减量与重复利用措施将成为今后强化的对象。日本环境省计划通过调查和实证等项目，向着手实施减量及重复利用的企业和地方

① 徐波，宝秀兰：《日本新〈循环型社会形成推进基本计划〉概览》，载《世界环境》，2009（1）：65-67页。

② 参见日本出台第三次循环型社会计划，强化减量与重复利用，2017-03-15[2017-03-15]，http：//finance.people.com.cn/n/2013/0911/c348883-22881898.html。

政府提供援助。并且还要探讨建立国民和企业共同致力于“2R”的制度。

对于再资源化，第三次基本计划提出的新方针是“推进高水平的再资源化”。措施之一就是从废旧产品中回收有用金属。其具体措施是2013年4月施行的《小型家电回收利用法》。该法建议企业从“扩大生产者责任”的思路出发，采取措施设计易于再资源化的产品，明确标注各部件的原材料等。另一项措施是“水平再资源化”，即以废旧产品为原料制作同等产品。水平再资源化已经在PET瓶的“瓶到瓶”等方面得到了普及。其目的是提高再资源化技术，利用再资源化的资源制造优质产品，实现资源的可持续利用。

普及水平再资源化的必要条件是使用再资源化资源的产品需求扩大。因此，第三次基本计划提到了面向消费者进行普及启蒙、传播信息的必要性。

推进小型家电再资源化和水平再资源化，这可以说是再资源化从“量”向“质”的转变。以往的“3R”政策是用“量”来衡量资源循环，重点一直放在废弃物减量上。而今后的“3R”政策也增加“质”的视角，以对抗全世界不断加强的资源制约。

在过去，基本计划作为表示物质入口、循环及出口3个层面情况的指标，设置了资源生产效益、循环利用率和最终处置量的目标。今后，随着资源价格的暴涨，预计在全球范围资源制约将加强，因此，第三次基本计划提出了进一步改善上述数值目标的方针。力争建设起资源投入更少、创造价值更多的社会。

在亚洲各国，随着经济发展和人口增加，废弃物激增成为难题。因此，日本在第三次基本计划中也提出了推进在亚洲地区构建循环型社会的方针。把亚洲各国增大的废弃物处理、再资源化需求视为商机，将日本关于废弃物和再资源化的法律制度、采用及运用方面的经验及技术等打包销售。为了实现这一目标，第一步计划是在亚洲各国开始进行业务可行性调查。

第三次基本计划还提出要开始进行循环资源的越境转移。把电路板等发展中国家难以合理处理的资源进口到日本；把日本国内利用量有限，但在海外拥有需求，而且不发生环境污染的粉煤灰等循环资源出口到海外。鉴于包含有害物质的废弃物的越境转移受到《巴塞尔条约》的限制，因此日本应致力于简化手续、实现快速办理，争取在规制的框架内实现进出口。

对于企业的“3R”活动，第三次计划提出了从“企业社会责任活动”（CSR）

向“资源战略”转变。企业必须根据新计划的方针制订相应战略方针。

第四节　美国循环经济实践

1.《资源保护和回收再利用法》

美国早在1965年就制定了《固体废弃物处置法》，明确规定了处置各种固体废弃物的相关要求。1976年该法更名为《资源保护及回收法》（Resources Conservation & Recovery Act，RCRA），其后经历4次修订，最终确立了减量化、再利用、再循环的“3R”原则，实现了废弃物管理由单纯的清理工作向分类回收、减量及资源再利用的综合性管理转变[①]。

《资源保护和回收再利用法》的3个主要目标包括：① 保护人类健康和环境；② 减少废物、节约能源和自然资源；③ 尽可能快速地减少或消除危险废物的产生。《资源保护和回收再利用法》分为8章，共64条，其中两项重要的内容有：（1）各州、城市、地方机构必须要将废弃物的收集和处理视为自身发展过程中义不容辞的职责，也规定了联邦政府在减少废弃物数量上以及在不可循环废弃物的安全处置上的特殊行动权力。（2）明确提出该项法律立法的主旨所在，即发展循环经济是为了给人类的健康以及环境的安全性形成一定的保障作用以及对美国社会中具有特殊价值意义的物资和能源的保护。要求各州、地方政府要积极加强对固体废物的安全处理水平以及为管理计划方面提供更多的政策保障和财政支持。除此之外，还对各州和地区的资源回收过程的商业部长所承担的责任、义务以及固体废物计划等作了规定。

2．固体废物的行动议程

1989年美国环保局通过一项关于《固体废物的行动议程》（*Solid Waste Dilemma：An Agenda for Action*），公开了美国在城市废物处理方面所面临的困境，

---

① 参见美国环保局网站，2017-03-15[2017-03-15]，https：//www.epa.gov/laws-regulations/summary-resource-conservation-and-recovery-act。

该议程提出了一些目标并建议其应由环保局、各州和各地方政府、工业界和消费者共同实施。环保局提出了一个综合的、分等级的废物管理方法，由四个部分组成：垃圾的源头减量、回收利用、燃烧和填埋①。这种综合方法为产品和材料的生产、利用和处置提供了评价标准，以促使实现废物的最少化和价值的最大化。它有利于垃圾的源头减量和减小废物的毒性，并延长产品的使用寿命。回收利用（包括堆肥）是代替填埋和燃烧的最佳途径。燃烧可以实现减量化，其产生的热量也可以被利用。填埋是最后的环节，只用于处置不可回收和不可燃的废物。这样分类的目的是促使废物管理形成一个包含四种方法的综合方案。每一个地区都应选择最有效的方案以满足本地的需要。

3．2020 展望

美国环保局持续强调源头减量化、回收和再利用，于 2002 年提出了《超越 RCRA：2020 年废物和材料管理的展望》（*Beyond RCRA：Waste and Materials Management in the Year 2020*），简称《2020 展望》。在这份展望中，美国环保局和州环境部门讨论美国未来 20 年的废物和材料管理方面的问题，其中一项重要的结论是美国社会需要从废物管理转为物质管理。《2020 展望》考察了材料和技术应用的趋势和未来方向。它确定了 3 个总体目标：（1）减少废物产生的同时增加资源有效且可持续的使用；（2）防止使用危险化学品时对人类和生态环境的暴露；（3）以安全、环保的方式管理废物并清理排放的化学物品②。

4．资源保护挑战计划

美国环保局在《2020 展望》和《污染防治展望计划》（Pollution Prevention，P2）的基础上制订其计划方向。2003 年美国环保局发起了资源保护挑战计划（*Resource Conservation Challenge*），以促进美国环保局与各州的合作以实现废物管理系统转变成更侧重于材料管理的系统转变。这一计划是一种达到未来的方式，到那时废物将成为过去的概念。当经济可行时，资源保护挑战计划的目标是通过

---

① 参见 Solid Waste Dilemma：An Agenda for Action，2017-03-15[2017-03-15]，https：//nepis.epa.gov/。

② 参见 Beyond RCRA：Waste and Materials Management in the Year 2020，2017-03-15[2017-03-15]，https：//archive.epa.gov/oswer/international/web/pdf/vision.pdf。

污染防治、废物减量化、源头减量以及制造过程和产品设计的改变，来减少进入废物管理周期的废物。资源保护挑战计划的核心是将废物转变成高效安全的材料流，重点是特定废物和有毒化学品的减量化，并在美国范围内进行贯彻。美国环保局鼓励工业向节约资源的生产方式转变。美国环保局还承认废物的处置仍是一种必需的、但是不提倡的方式。

资源保护挑战计划包括 4 个国家优先领域：城市固体废物回收利用；再生材料的有效利用；重点和有毒化学品的减少；绿色倡议——电子产品。这些领域最初在资源保护挑战计划 2005 年的行动计划中被确定为优先领域。为达成资源保护挑战计划的最终目标，必要时这些优先领域可能会被修订或变更[①]。

5.《可持续物质管理的发展路线图》

2009 年 6 月，美国环保局发布了制定的《可持续物质管理的发展路线图》（*Sustainable Materials Management：the Road Ahead*），旨在促进向可持续物质管理转型[②]。当时，尽管美国开展了联邦和州的废物管理活动，以建设物质效率更高的社会，但是在联邦层面没有形成综合的物质管理战略。虽然美国环保局制定了相关的法规和经济措施来避免和减缓环境影响，但少有涉及针对上下游产业的有效措施。在这一背景下，2007 年美国环保局废物与化学品项目部主任召集了“2020 愿景”工作组，制订了这一路线图。工作组开发了一个筛选框架，从全生命周期的角度为物质、产品、服务排序，考虑其环境影响、资源消耗及废物产生情况。最终从基础建设与发展、食品与服务、森林、金属、不可再生有机物、纺织品，及其他产品和服务领域，筛选出 38 项物质、产品和服务，作为优先示范的内容。此外，工作组还向美国环保局和州环保局提出了如下建议：（1）加大对物质管理和产品的生命周期管理的工作力度；（2）在现有政府开展的各项工作中开展能力建设和物质管理办法的整合；（3）促进全生命周期物质管理的工作范围拓展和正在开展的公共对话。

---

① 参见 Resource Conservation Challenge，2017-03-15[2017-03-15]，http：//infohouse.p2ric.org/ref/50/49340.pdf。

② 参见 Sustainable Materials Management：the road ahead.，2017-03-15[2017-03-15]，https：//www.epa.gov/smm/ sustainable-materials-management-road-ahead。

6.《可持续物料管理战略计划》

2015 年 10 月，美国环保局发布了《可持续物料管理战略计划（2017—2022）》（*U.S. EPA Sustainable Materials Management Program Stategic Plan. Fiscal Year* 2017-2022），提出了美国未来发展的 3 个优先的战略领域，包括：（1）可持续物料管理与环境质量提升；（2）可持续食物管理；（3）可持续包装物管理[①]。

在可持续物料管理与环境质量提升领域，美国将重点开展如下三项工作：一是将全生命周期的可持续物料管理理念融入环境市场的构建中；二是为提前适应气候变化，通过可持续建筑技术增强社区房屋抵抗自然灾害的能力，完善灾害废墟管理计划，提升灾害废墟管理能力；三是提升对建筑废物和工业副产品的信息、数据采集及其环境与经济效益的定量手段。

在可持续包装物管理领域，美国将未来开展的工作分为两个方面。一方面与州、社区、非政府组织和企业开展合作，研究系统的全生命周期管理手段，包括管理政策、实践方法和激励措施等；较重测量体系、度量与基准；促进再生原料市场的信息透明化。另一方面，在美国环保局开展部门间合作，或与其他联邦机构开展战略合作，协调包装物相关的政策与项目；针对难再生材料，研发替代新材料，开发回收利用流程。

第五节　中国循环经济实践

1.《中国 21 世纪议程——上海行动计划》将循环经济原则纳入其中

1992 年以来实施地方 21 世纪议程活动取得了飞速的进展，地方城市编制 21

① 参见 U.S. EPA：Sustainable Materials Management Program Stategic Plan. Fiscal Year 2017-2022，2017-03-15[2017-03-15]，https：//www.epa.gov/sites/production/files/2016-03/documents/smm_strategic_plan_ october_2015.pdf。

世纪议程已经成为一项世界性的潮流[①]。据 1997 年发表的 ICLEI 对 1992 年至 1996 年间地方和城市编制 21 世纪议程情况的首次世界性调查，到 1996 年年底，已有 64 个国家的 1 812 个地方政府参与了编制地方 21 世纪议程，其中 33 个城市已经开始实施。在英国有高达 70%的地方政府在制定地方 21 世纪议程；在韩国也有包括首尔在内的 7 个城市制定并发布了地方 21 世纪议程。

1999 年上海在面临日益增加的生活垃圾的压力下，借鉴德国经验，把循环经济原则纳入《中国 21 世纪议程——上海行动计划》和第十个五年计划中，成为中国最早关注和实施循环经济的城市。这一行动计划确立了上海“高效繁荣的经济、有序公正的社会、优美和谐的生态”的可持续发展目标，并指出了上海可持续发展以高科技为主导，实现产业升级、抢占未来经济发展的制高点，发展绿色经济和集约型经济；寻找可替代资源，保护环境和资源；优化教育资源配置，增加人力资源积累，完善城市功能，优化工业形态。

2．中国首个地方性循环经济法规

2004 年 7 月 8 日《贵阳市建设循环经济生态城市条例》经贵阳市第十一届人民代表大会常务委员会第十四次会议通过。2004 年 9 月 25 日贵州省第十届人民代表大会常务委员会第十次会议批准，自 2004 年 11 月 1 日起施行。这是中国首个地方性循环经济法规[②]。该条例明确提出了建设循环经济生态城市遵循的基本原则，指出了规划的主要内容、目标，规定了建设循环经济生态城市的实施主体和相关法律责任。

3．中国召开首次中国循环经济工作会议

2004 年 9 月 28—29 日国家发改委在北京召开中国循环经济工作会议，这也是中国首次针对循环经济工作的国家级工作会议。国家发改委主任马凯做了题为

---

① 诸大建，李耀新：《探讨地方可持续发展的规划编制和体制建设——以〈中国 21 世纪议程——上海行动计划〉编制为例》，载《城市规划学刊》，2000（6）：23-24 页。

② 王密，屠玉麟，何谋军：《浅析〈贵阳市建设循环经济生态城市条例〉》，循环·整合·和谐——第二届中国复合生态与循环经济学术讨论会论文集：235-238。

《贯彻和落实科学发展观，大力推进循环经济发展》的讲话[①]。会议研究确定，到2010年，要建立比较完善的循环经济法律法规体系、政策支持体系、技术创新体系和有效的激励约束机制；建立循环经济评价指标体系，制订循环经济发展中长期战略目标和分阶段推进计划。这次会议的召开，标志着中国循环经济工作全面正式启动。

4. 中国首次将循环经济概念列入环境保护立法条文

2004年12月29日国家主席胡锦涛签署第31号主席令，颁布修订后的《中华人民共和国固体废物污染环境防治法》，自2005年4月1日起实施。该法规定，国家对固体废物污染环境的防治，实行减少固体废物的产生量和危害性、充分合理利用固体废物和无害化处置固体废物的原则，促进清洁生产和循环经济发展。

这是中国首次将循环经济的概念列入环境保护立法条文[②]。该法对产品责任的延伸及反对过分包装作了原则规定，通过该法的宣传实施将有助于提高公众对循环经济、环境保护的认识扩大公众参与环保的途径，并对中国循环经济的发展和循环经济法制的建设起到促进作用。

5. 中国首次将循环经济写入国务院政府工作报告

2004年3月，循环经济被写进国务院政府工作报告，对循环经济的研究进入了全新阶段，各种关于循环经济的研究文献大量涌现出来。

6. 中国首部通过国家级认证的省级循环经济建设规划

2005年4月1日《江苏省循环经济规划》通过国家级专家组的认定，这是中国首部通过国家级认证的省级循环经济建设规划。该规划确立了2005—2020年江苏省循环经济建设的重点任务；循环型农业建设重点，循环型工业建设重点，循环型服务业建设重点，循环型社会建设重点。

---

① 夏明：《中国循环经济工作会议召开》，载《科技潮》，2004（11）：37页。

② 章玲：贯彻《中华人民共和国固体废物污染环境防治法》促进循环经济发展，中国循环经济与生态工业学术研讨会，2008。

7．中国国务院印发《关于加快发展循环经济的若干意见》

2005 年 7 月 1 日国务院印发《关于加快发展循环经济的若干意见》（国发〔2005〕22 号）。其主要内容包括发展循环经济的指导思想基本原则和发展目标、主要指标；发展循环经济的重点工作和重点环节；加强对循环经济发展的宏观指导；加快循环经济技术开发和标准体系建设；建立和完善促进循环经济发展的政策机制；坚依法推进循环经济发展；加强对发展循环经济工作的组织和领导。具体指标包括：

力争到 2010 年建立比较完善的发展循环经济法律法规体系、政策支持体系、体制与技术创新体系和激励约束机制。资源利用效率大幅度提高，废物最终处置量明显减少，建成一批符合循环经济发展要求的典型企业。推进绿色消费，完善再生资源回收利用体系。建设一批符合循环经济发展要求的工业（农业）园区和资源节约型、环境友好型城市。

力争到 2010 年，中国消耗每吨能源、铁矿石、有色金属、非金属矿等 15 种重要资源产出的 GDP 比 2003 年提高 25%左右；每万元 GDP 能耗下降 18%以上。每万元工业增加值取水量下降到 120 m^3。矿产资源总回收率和共伴生矿综合利用率分别提高 5 个百分点。工业固体废物综合利用率提高到 60%以上；再生铜、铝、铅占产量的比重分别达到 35%、25%、30%；主要再生资源的利用量提高 65%以上。工业固体废物堆存和处置量控制在 4.5 亿 t 左右；城市生活垃圾增长率控制在 5%左右。上述指标将根据“十一五”规划作相应的调整[①]。

8．中国国家环保总局印发《关于推进循环经济发展的指导意见》

2005 年 10 月 10 日国家环保总局印发《关于推进循环经济发展的指导意见》，该意见提出，环境保护系统要加强对循环经济发展的规划和指导，制订和完善促进循环经济发展的环境标准体系和环境技术政策，深化循环经济试点和示范，积极引导环保产业的发展，强化环境监管，建立环保系统推进循环经济发展的技术创新体系和咨询服务体系，积极推进绿色消费。

① 《国务院发出〈关于加快发展循环经济的若干意见〉》，载《有色金属再生与利用》，2005（8）：8 页。

9．中国首批国家循环经济试点单位

2005年10月27日国家发改委、环保总局、科技部、财政部、商务部、统计局印发经国务院同意的《国家循环经济试点单位（第一批）》名单和《关于组织开展循环经济试点（第一批）工作的通知》《循环经济试点工作方案》。这标志着中国循环经济试点工作正式启动。国家第一批循环经济试点单位包括：钢铁、有色金属、煤炭、电力、化工建材、轻工等重点行业的42家企业，再生资源回收利用体系建设、废旧金属再生利废旧家电回收利用、再制造等重点领域17家，13个产业园区，9个省市。

10．中国建立循环经济工作部际联席会议制度

2006年1月27日国务院批复国家发改委《关于报送发展循环经济部门协调工作机制方案的请示》，同意建立发展循环经济工作部际联席会议制度。在国务院领导下，研究拟订发展循环经济的重大政策措施。向国务院提出建议；协调解决推进循环经济发展中的重大问题；讨论确定年度工作重点并协调落实；指导、督促、检查发展循环经济的各项工作；国家发改委为召集单位，国家发改委副主任姜伟新为召集人。

11．中国将发展循环经济纳入国民经济和社会发展规划

2006年3月16日第十届全国人民代表大会第四次会议批准通过了《中华人民共和国国民经济和社会发展第十一个五年规划纲要》，其中第二十二章专门对“发展循环经济”制定了规划和指标，这是中国首次将发展循环经济纳入长期的国民经济计划，作为国民经济发展远景规定目标和方向的一项重要部分。

纲要对“十一五”期间的经济社会发展的主要目标包括：资源利用效率显著提高。单位国内生产总值能源消耗降低20%左右，单位工业增加值用水量降低30%，农业灌溉用水有效利用系数提高到0.5，工业固体废物综合利用率提高到60%。

纲要提出发展循环经济应坚持开发节约并重、节约优先，按照减量化、再利用、资源化的原则，在资源开采、生产消耗、废物产生、消费等环节，逐步建立

全社会的资源循环利用体系。应开展的工作包括：节约能源、节约用水、节约土地、节约材料、加强资源综合利用。强化促进节约的政策措施，加快循环经济立法。实施节能重点工程和循环经济示范试点工程、生态保护重点工程、环境治理重点工程。

12．中国首部副省级城市循环经济法规

2006年3月22日发布的《深圳经济特区循环经济促进条例》，是中国首部副省级城市循环经济法规。其中明文规定了地方的循环经济发展的措施、示范方式、奖惩手段等，也成功将循环经济的发展状况纳入了政府的政绩考核中，成为一项政府和人民所共同关注的发展项目[①]。

深圳经过26年改革开放，经济增长和社会进步取得了令人瞩目的成就，但深圳地域狭小，土地后备资源严重不足，环境问题、水污染依然严重，深圳发展循环经济更加紧迫、更加需要、更为关键。深圳人大借鉴德国、日本等国家循环经济立法的成功经验，结合深圳的实际，从三个层次上开展立法工作[②]：一是作为纲领性法规的循环经济促进条例；二是节能、节水、资源综合利用等专项配套法规；三是与前两个层次的法规相配套的各项实施办法、标准、指标、目录等具体规范。即将施行的循环经济促进条例属于第一层次的法规。

条例包括逐步建立绿色GDP核算制度；抑制废弃物产生制度、废弃物回收制度、废弃物循环利用制度；清洁生产审核制度；政策扶持制度和淘汰制度；绿色消费制度；政府绿色采购制度；财政补贴制度和资金支持制度等。其中规定市、区人民政府每年应当安排一定数额的资金用于促进循环经济发展；政府科技研发资金、技术改造资金应当优先安排循环经济技术研究和产品开发；中小企业担保基金等国家允许设立的政府基金或者政府控股基金，应当安排专项资金或者优先安排资金为循环经济技术研究和产品开发以及符合循环经济要求的项目提供融资担保和其他资金支持。

---

① 参见深圳经济特区循环经济促进条例，2017-03-15[2017-03-15]，http：//www.law-lib.com/law/law_view.asp？id=156702。

② 郑小红：《深圳出台首个循环经济地方条例》，载《中国改革报》，2006-07-03（001）。

13．中国发布《循环经济评价指标体系》和《循环经济发展评价指标体系》

2007 年 6 月 27 日国家发改委、国家环保总局，国家统计局发出《关于印发循环经济评价指标体系的通知》（发改环资〔2007〕1815 号），印发了《循环经济评价指标体系》及其说明。该指标体系按照循环经济的基础特征，充分利用现有的数据信息基础，主要从宏观层面和工业园区分别编制，其中包含资源产出指标、资源消耗指标、资源综合利用指标以及废物排放指标。

为贯彻落实《循环经济促进法》和《关于加快推进生态文明建设的意见》的要求，科学评价循环经济发展状况，推动实施循环发展引领行动，2016 年 12 月 27 日国家发改委、财政部、国家环保总局，国家统计局将指标体系更新为《循环经济发展评价指标体系》（发改环资〔2016〕2749 号）。

14．中国首次将循环经济作为水污染防治的重要指导思想和原则

2008 年 2 月 28 日由第十届全国人民代表大会常务委员会第三十二次会议修订通过了《中华人民共和国水污染防治法》，这是中国首次将循环经济作为水污染防治的重要指导思想和原则。

从循环经济的角度来看，一方面水资源利用率越低，则废水产生量越大；另一方面废水得不到回收利用，则排放而污染更多水资源。因此，要有效控制水污染，节水和污水再生利用是关键。发展循环经济、建设节水型社会是解决中国水污染问题的必然选择①。

15．中国颁布世界首部循环经济法

2008 年 8 月 29 日第十一届全国人民代表大会常务委员会第四次会议通过《中华人民共和国循环经济促进法》，于 2009 年 1 月 1 日正式实施。这是中国颁布的首部循环经济法，也是世界上首部直接以循环经济命名的法律。

《中华人民共和国循环经济促进法》分总则、基本管理制度、减量化、再利用

① 陈勇：《循环经济理念下中国水污染防治的法律思考——兼论〈水污染防治法〉的修订》，载《水利发展研究》，2006（10）：7-11 页。

和资源化、激励措施、法律责任和附则共七章。该法以“减量化、再利用、资源化”为主线，坚持减量化优先原则，提出建立循环经济规划制度、抑制资源浪费和污染物排放的总量调控制度、循环经济评价和考核制度、以生产者为主的责任延伸制度、对高耗能高耗水企业的重点管理制度和建立合理的激励机制。《循环经济促进法》的实施，有利于提高资源利用效率、保护和改善环境、实现可持续发展。通过在全社会倡导一种资源节约和环境友好的理念，逐渐让政府、企业事业单位、公民、行业协会等主体形成一种资源节约和环境友好的行为方式，从而促进可持续发展。

16.“循环经济专家行”第一站

2009 年 4 月 20 日为总结试点工作经验，帮助试点单位提高技术和管理水平，宣传典型经验，促进循环经济形成较大规模，国家发展改革委办公厅、中国工程院办公厅发出《关于开展循环经济专家行活动的通知》，国家发展改革委、中国工程院于 2009 年 4 月下旬至 8 月联合开展“循环经济专家行”活动，该活动的主要内容是：对试点单位循环经济实施情况进行调研，总结提炼循环经济发展模式，挖掘典型经验；开展技术评估和咨询，帮助试点单位解决循环经济发展中存在的主要问题，推动完成重大技术改造工程，提高试点单位科技创新能力和循环经济发展水平；提供宏观决策咨询，与试点单位决策层面对面探讨在新形势下循环经济发展的思路；组织新闻媒体随行报道，宣传发展循环经济的典型经验和先进人物，介绍循环经济发展模式，普及循环经济发展理念；贯彻《循环经济促进法》，推动循环经济更好更快发展①。

2009 年 5 月 6 日中国工程院院长徐匡迪、国家发展改革委副主任解振华等 20 多位院士和专家考察了北京盈创再生资源有限公司，这是由国家发展改革委和中国工程院组织的“循环经济专家行”活动的第一站。专家学者在北京三个国家级试点单位把脉循环经济试点情况，为它们出谋划策，排忧解难②。

① 《中国能源》编辑部：《“循环经济专家行”活动启动》，载《中国能源》，2009（5）：1 页。

② 参见循环经济专家行活动新闻报道之一（北京站），2017-03-15[2017-03-15]，http：//hzs.ndrc.gov.cn/newgzdt/200909/t20090928_305268.html。

17．中国首部促进循环经济发展的宏观政策指导文件

2010 年 4 月 19 日国家发展改革委、中国人民银行、中国银监会、中国证监会联合发布了《关于支持循环经济发展的投融资政策措施意见的通知》。这是中国出台《循环经济促进法》以来，国家出台的第一部促进循环经济发展的宏观政策指导文件[①]，旨在解决循环经济发展投入不足、融资难的问题，以促进循环经济形成较大规模。该通知要求，对列入国家、省级的循环经济示范试点园区（示范基地）、企业和重大循环经济项目，银行业金融机构要积极给予包括信用贷款在内的多元化信贷支持；对由国家、省级政府支持的节能、节水、节材、综合利用、清洁生产、海水淡化和“零排放”等减量化项目，银行业金融机构要重点给予信贷支持；对示范市、县园区（示范基地）的循环基础设施、相关公共技术服务平台、公共网络信息服务平台的建设和运营，银行业金融机构也应给予相应的信贷支持。

18．中国首个循环经济地方性法规

2010 年 7 月 26 日召开的辽宁省十一届人大常委会第十八次会议批准了《大连市循环经济促进条例》。这一条例于 2010 年 10 月 1 日起正式施行，是《循环经济促进法》实施后出台的第一个地方性法规[②]，主要规定了如下几方面的内容：一是对大连市与发展循环经济相关的规划、统计和考核等制度进行了细化；二是对促进非常规水资源利用和推进农业及洗车、非大众洗浴行业节水做出了规定；三是对建立农用废旧物资回收利用体系、利用秸秆和畜禽粪污等可再生资源做出了规定；四是确立了生态补偿制度；五是规定对废电器电子等特定产品拆解利用的新建项目实行圈区管理。

19．中国首部循环经济发展报告

2010 年 10 月中国社会科学院数量经济与技术经济研究所、社会科学文献出版社发布《中国循环经济发展报告（2009—2010）》，这是中国第一部循环经济发展报告。报告对中国循环经济发展的实践进行了初步总结，描述了中国发展循环

① 郭泰民：《中国出台支持循环经济发展的投融资政策措施》，载《中国资源综合利用》，2010（4）：2 页。
② 张四清：《大连：为环保出台〈循环经济促进条例〉》，2010（8）：65 页。

经济的历史进程，对重点行业和有代表性的地区、工业园区、企业发展循环经济的进程和经验进行了凝练，分析了成功的循环经济发展模式[①]。

该报告指出，循环经济战略大大促进了中国的节能减排工作。“十一五”以来，中国节能减排工作取得了积极进展。截止到2009年年底，“十一五”前4年，中国单位GDP能耗下降了14.38%；化学需氧量（COD）的排放总量下降了9.66%；二氧化硫排放总量下降了13.14%，提前完成了减排的目标。循环经济的发展对节能减排做出了巨大贡献[②]。

企业由于发展循环经济而增添了新的生产工序，延长了产业链，增加了产品生产种类，扩大了生产规模，提供了大量新的就业岗位。对循环经济试点单位的初步评估表明，多数企业在企业内部或企业之间发展循环经济产业链具有明显的经济效益，实现了“既循环，又经济”双重收益。

20．中国首部省级循环经济地方性法规《陕西省循环经济促进条例》

2011年12月1日中国首部省级循环经济地方性法规《陕西省循环经济促进条例》正式颁布实施[③]。该条例于2011年7月22日经陕西省人大常委会审议通过，标志着全省循环经济的工作步入新的发展阶段。条例明确要求各级循环经济行政主管部门严格实行总量控制制度，废弃物排放限额制度和节能总量交易制度等，运用严格的奖惩机制，从源头上控制资源消耗，从总体上削减污染物排放，调动社会各界节能减排的积极性，保证陕西省“十二五”节能减排目标的实现。

21．中国发布《循环经济发展专项资金管理暂行办法》

2012年9月18日财政部、国家发展改革委印发《循环经济发展专项资金管理暂行办法》，自2012年9月1日起施行，由中央财政预算安排，专项用于支持循环经济重点工程和项目的实施、循环经济技术和产品的示范与推广、循环经济基础能力建设等方面。支持范围包括国家“城市矿产”示范基地资源新增加工处理能力（含改造）、基础设施、公共服务平台及回收体系的建设，餐厨废弃物资源

① 齐建国：《中国循环经济发展报告（2009—2010）》，北京，社会科学文献出版社，2010。

② 《首部〈中国循环经济发展报告〉发布》，载《中国资源综合利用》，2010（28）：2页。

③ 《陕西省颁布中国首个省级地方性规范循环经济发展法规》，载《印刷技术》，2012（2）：3页。

化利用和无害化处理、园区循环化改造示范、再制造、清洁生产技术示范推广、循环经济（含清洁生产，下同）基础能力建设、国务院循环经济发展综合管理部门、财政部协商确定的其他重点工作。

22. 中国首个循环经济发展规划

2012 年 12 月 12 日国务院总理温家宝主持召开国务院常务会议，研究部署发展循环经济，讨论通过中国首个循环经济发展规划，即《“十二五”循环经济发展规划》（2013 年 1 月 23 日公布更名为《循环经济发展战略及近期行动计划》）。该规划明确了发展循环经济的主要目标、重点任务和保障措施。在中国范围内推广循环经济典型模式，构建循环经济产业体系（循环型工业体系、循环型农业体系、循环型，服务业体系），开展循环经济示范行动，实施“十百千”示范工程（十大工程，百个循环经济示范市县，千家循环经济示范企业和园区），创建示范城市，培育示范企业和园区。

2013 年 1 月 23 日国务院发出《关于印发循环经济发展战略及近期行动计划的通知》（国发〔2013〕5 号）。该行动计划分析了现状与形势；提出了中国发展循环经济的指导思想、基本原则和主要目标。中国循环经济发展的中长期目标是：循环型生产方式广泛推行，绿色消费模式普及推广，覆盖全社会的资源循环利用体系初步建立，资源产出率大幅提高，可持续发展能力显著增强。到“十二五”末的目标（近期目标）是：主要资源产出率比“十一五”末提高 15%，资源循环利用产业总产值达到 1.8 万亿元；创建构建循环型工业体系、构建循环型农业体系、循环型服务业体系，推进社会层面循环经济发展；实施循环经济十大示范工程，创建百个循环经济示范城市（县），培育千家循环经济示范企业（园区）。

23. 中国首个以省会城市为单位开展综合性循环经济标准化试点工作的城市

2012 年 12 月 14 日太原市通过国家级循环经济标准化试点城市中期评估。作为中国首个以省会城市为单位开展综合性循环经济标准化试点工作的城市，太原通过典型引路、示范推广，将企业层面的“小循环”、园区层面的“中循环”和社会层面的“大循环”有机结合，形成了政府推动、部门联动、企业主动、社会参与的良好氛围，具有太原特色的循环经济标准化试点市发展模式已初步形成[①]。

12月2日，国家标准化管理委员会、国家发改委组织专家召开循环经济标准化试点评估会议，对太原等地循环经济标准化试点市建设情况进行验收。专家对这一工作给予了高度肯定。

24．中国发布的首个全面系统的资源综合利用年度报告

2013年4月上旬国家发展改革委发布《中国资源综合利用年度报告（2012）》（以下简称《年度报告》），总结了2011年中国推进资源综合利用取得的主要成绩和开展的工作，这是中国首次发布较为全面系统的资源综合利用年度报告[②]。《年度报告》分6章共32节，从矿产资源、产业废物、农林废物、再生资源等4个方面介绍了中国资源综合利用推进情况和取得的成效，包括共伴生矿产、尾矿、粉煤灰、煤矸石、工业副产石膏、冶炼渣、化工废渣、建筑垃圾、废旧路面材料、废水、秸秆、林业三剩物和次小薪材、畜禽粪便、海洋与水产品加工废物、废钢铁、废有色金属、废纸、废塑料、废旧纺织品、废旧木材、废旧轮胎、废弃电器电子产品和生活垃圾等23类废弃资源综合利用情况，涉及矿产、电力、煤炭、冶金、化工、建材、农林、轻工、电子等多个领域。

25．中国首个循环经济推广中心

经苏州市人民政府批准，2005年4月中旬苏州市循环经济推广中心在苏州高新区成立。这是中国第一个循环经济推广中心。该中心将按市政府确定的职能，在更高的层面、更大的范围，以更快的速度推广循环经济。同时，积极寻求国际国内合作，吸收世界先进的循环经济理念和经验，引进和推广循环经济最新科研成果、产业技术，为循环经济发展和苏州建立节约型城市提供技术与信息两大平台[③]。

---

① 参见太原市通过国家级循环经济标准化试点考核，2017-03-15[2017-03-15]，http：//www.tynews.com.cn/jrjj/content/2013-12/05/content_47841.htm。

② 《〈中国资源综合利用年度报告（2012）〉首次发布》，第六届中国尾矿库安全运行与尾矿综合利用技术高峰论坛论文集，2014：159页。

③ 参见苏州高新区循环经济显成效，2017-03-15[2017-03-15]，http：//www.js.xinhuanet.com/fang_tan/2005-12/21/content_5868765_1.htm。

26．中国首个国家级循环经济研究基地

2012 年 7 月 31 日中国首个国家级循环经济研究基地在武汉市光谷金融港成立[①]。该基地由湖北省商务厅引导，以格林美股份有限公司的具体实践为依托而建立，旨在集聚循环经济领域专家人才，推动社会各界、各部门研究资源整合；聚焦与废旧商品回收相关的重点领域、重点环节，促进技术研发与应用；创新回收利用模式，推动产业链各环节融合发展；组织开展宣传教育与国际交流，形成官产学研一体化、社会化和国际化的循环经济研究平台，为中国建立完整的、先进的废旧商品回收体系提供参考与决策依据。

① 《商务部循环经济研究基地挂牌仪式在武汉举行》，载《中国资源综合利用》，2012（8）：1 页。

第六章 循环经济实施的评价

第一节 物质属性分析

1. 清华大学提出并评估了废物的可回收性

物质属性分析是决定循环经济实施的内因。电子废物是近年来增长速度最快的废物流，也是金属资源含量最丰富的再生资源或城市矿产。如何高效地资源化回收是调控资源可持续利用的关键，但揭示电子废物的本质属性是回收工艺设计和法律法规制定的科学基础。基于统计熵原理和物质材料的组成特点，清华大学曾现来、李金惠首次建立了适用于电子废物可回收性评估的数学模型①。解析了城市矿产区别于自然矿产的本质特征：城市矿产是人为活动条件下产生的，具有有序的物理结构、固定形状等鲜明产品特征的再生资源；建立的电子废物可回收性的评估模型为新产品的生态设计提供了一套科学工具，也为城市矿产资源属性的分类提供了方法参考；电子废物可回收性的评估为电子废物处理工艺的设计提供了理论依据，也为电子废物处理责任的划分和基金分配提供了科学依据②。

① Zeng, X. and Li, J.: Measuring the recyclability of e-waste: an innovative method and its implications. J. Clean Prod. 2016（131）：156-162。

② Li，J.，He，X. and Zeng，X.：Designing and examining e-waste recycling process：Methodology and case studies，Environ. Technol. 2017（38）：652-660。

2．清华大学系统评估了电子废物的回收潜力

基于物质流分析和产品寿命分析模型，清华大学曾现来、李金惠等全方位系统预测了中国的电子废物产生量，揭示了电子废物的回收潜力，发现中国 2015 年电子废物产生量超过 900 万 t，已成为全球电子废物产生量最大的国家，并探讨了其中有价资源的动态转化，并指出未来资源化的主要对象为金属铜、贵重金属和稀散金属等①。在所有电子废物类型中，空调、计算机、冰箱、洗衣机占有重量的 70%以上；电子废物的回收潜力从 2010 年的 160 亿美元增加到 2020 年的 420 亿美元和 2030 年的 734 亿美元。

第二节　物质流分析

1．首个基于经济学观点的国家尺度物质流分析

1969 年，罗伯特·艾尔斯（Robert U. Ayres）与艾伦·尼斯（Allen V. Kneese）等发表论文《生产、消费与外部性》（*Production，Consumption and Externalities*），成为第一个基于经济学观点的国家尺度物质流分析②，在普遍的外部性的条件下，提出了物质守恒观点。

2．德国乌珀塔尔研究所提出物质流账户体系

20 世纪 90 年代初，德国乌珀塔尔（Wuppertah）气候、能源和环境研究所提出了物质流账户体系（Material Flow Accounts，MFA），它是定量测度经济系统运行中物质使用量的基本工具，并提出了生态包袱（Ecological rucksacks）的概念，

① Zeng，X.，Gong，R.，Chen，W. Q. and Li，J.：Uncovering the Recycling Potential of “New” WEEE in China，Environ. Sci. Technol.，2016（50），1347-1358。

② Robert U. Ayres and Allen V. Kneese：Production，Consumption，and Externalities，The American Economic Review，1969（59）：3。

后来也称其为隐藏流（Hidden Flow）。[①]

3．美国提出一套较完整的物质流平衡计算框架

1995 年，Iddo K. Wernick 和 Jesse H. Ausubel 针对美国物质流平衡，提出了一套较为完整的平衡计算框架[②]，旨在启动国家物料使用的评估框架，污染防治、减少废物产生，鼓励资源高效利用。研究比较和对比了进入和流出美国经济的物料质量，识别了最重要的物质流的组分，建立了消费和处理的材料的物理数据与国家经济活动的货币计量的联系。

4．欧洲委员会启动“一致性行动”协调账户计划

1996 年，欧洲委员会成立“一致性行动”的“协调账户计划”平台，被视为经济系统物质流分析国际合作的里程碑。这一平台是全球最大的物质流研究者的交流平台，德国、奥地利、美国的物质流分析领域的学者均加入其中[③,④]。

5．中国首次引入整体物质流分析

中国首次引入整体物质流分析，是陈效逑在 2000 年发表的《中国经济—环境系统的物质流分析》，提出了物质流的理论和方法。文章利用物质流的理论和方法分析了 1989—1996 年中国经济系统的物质需求总量、物质消耗强度和物质生产力。研究结果表明：①中国经济发展的资源与生态环境代价是巨大的，1994 年物质需求总量是与中国国土面积大致相当的美国的 1.6 倍；②中国经济系统的运行主要依赖于国内的资源消耗，1994 年人均国内物质需求量是荷兰的 1.1 倍和日本的 1.5 倍；③中国的资源利用效率仍然很低，1994 年单位物质消耗量所创造的 GNP

---

① Moriguchi Y.：Material flow indicators to measure progress toward a sound material-cycle society，Journal of Material Cycles and Waste Management，2007（9）：112-120。

② Wernick，I. K. and Ausubel，J. H.：National material metrics for industrial ecology，Resource Policy，1995，21（3）：189-198。

③ Eurostat：Material use in the European Union 1980—2000：Indicators and Analysis，Luxembourg，Statistical Office of the European Union，2002。

④ 参见 the International Society for Insdustrial Ecology（ISIE）网站，2017-03-15[2017-03-15]，http：//isiesemap2016.org/。

仅为发达国家的 2%～6%。在上述分析的基础上，以中国目前的物质生产力为起始点，提出了到 2025 年和 2050 年将资源利用效率分别提高 4 倍和 10 倍的中、长期目标，以便与全球可持续发展对资源消耗的总控制目标相适应[①]。

6．世界资源研究所等机构完成“国家之重”的研究报告

2000 年世界资源研究所联合日本、美国、德国、荷兰和奥地利个国家的调查机构共同对本国的经济活动与环境排出物的物质流总量、物质输出流进行了研究，完成了“国家之重”（*The Weight of Nations：Material Outflows from Industrial Economies*）的研究报告。研究报告表明，近年来，单位排放的废弃物随着经济的快速增长而大幅度地减少。但是由于该研究没有将废物的循环利用考虑进去，因此，在统计方法学方面存在一些缺陷[②]。

7．欧盟统计局发布经济系统物质流分析方法的指导手册

2001 年，欧洲环境局、欧盟统计局、欧盟执行委员会对欧盟 15 个成员国进行了物质流分析，编辑出版了有关物质流分析指标的指导性原则文件《经济系统物质流账户指标系统：方法导论》（*Economy-wide Material Flow Accountsand Derived Indicators：A Methodological Guide*），以研究经济系统的总物质输入与输出为主要内容[③]。导则的发布对整体物质流分析的深入研究起积极的推动作用。到目前为止，大部分整体物质流分析所应用的研究框架和指标体系都是基于这一指导手册。

8．鲍尔•布伦纳等编写物质流分析实用手册

2004 年，全球物质流方法学之父、维也纳科技大学教授鲍尔•布伦纳（Paul H. Brunner）等编写了《物质流分析实用手册》（*Practical Handbook of Material Flow*

① 陈效述：《中国经济——环境系统的物质流分析》，载《自然资源学报》，2000（1）：17-23 页。

② Mattews E.，Bringezu S.，Fischer-Kowalski M.，et al：The Weight of Nations：Material Outflows from Industrial Economies，Washington D.C.，World Resources Institute，2000。

③ Eurostat：Economy-wide Material Flow Accounts and Derived Indicators：A Methodological Guide，Luxembourg：Eurostat，2001。

Analysis），对软件工具和定量化分析方法进行了详细介绍和对比，列举了 14 个关于环境管理、资源保护和废弃物管理的典型案例，认为自然开采的矿石将被城市矿产循环利用所取代[①]。2016 年 12 月该书出版了第二版，书名为《物质流手册：环境、资源和废物工程》（*Handbook of Material Flow Analysis：For Environmental，Resource，and Waste Engineers*）。

9．经济合作与发展组织提出资源生产率的指标

2002 年 5 月经济合作与发展组织（OECD）正式提出了资源生产率的指标，并在 2002 年 8—9 月，在南非首都约翰内斯堡召开的世界可持续发展首脑会议（World Summit on Sustainable Development）上进行了讨论。

10．欧盟发布经济系统物质流账户编写导则

2007 年，欧盟统计局和欧盟委员会发布了《经济系统物质流账户编写导则》（*Economy-wide Material Flow Accounting "A compilation guide"*），进一步完善和推广了 MFA 方法的研究应用。2012 年，欧盟对这一导则进行了修订[②]。

11．科万达等分析捷克共和国、德国和欧盟 15 国物质流

2012 年，科万达（Kovanda J.）等分析了捷克共和国、德国和欧盟 15 国 1991 —2004 年直接物质输入量、物质需求总量等指标。结果表明，总体而言，这 3 个经济体的 2 个指标没有出现明显减少或增加的趋势[③]。

12．中国能源金属资源承载力评估

资源承载力的评价不仅与资源的自然矿产储量有关，还与城市矿产的储量和

① P. H. Brunner and H. Rechberger：Practical handbook of material flow analysis. International Journal of Life Cycle Assessment. 2006，10（9）：293-294。

② Eurostat：Economy-wide Material Flow Accounts（EW-MFA）-Compilation Guide 2012，Luxembourg：Eurostat，2012。

③ J. Kovanda，I. van de Sand，H. Schutz and S. Bringezu：Economy-wide material flow indicators：overall framework，purposes and uses and comparison of material use and resource intensity of the Czech Republic，Germany and the EU-15，Ecological Indicators，2012（17）：88-98。

资源化效率有关。但针对资源承载力评价方法传统上只考虑正向物流，忽视了逆向物流和闭路循环对资源承载力的影响，阻碍了科学界对资源全时空转换的认识。基于物质流分析方法，2014 年以来，清华大学李金惠、曾现来等建立了闭环供应链的金属可持续利用承载力分析预测方法学，指导了对中国战略金属锂、钴、铅、镍、稼等利用的评估；发现了中国战略金属的从自然地学循环向人类圈循环的时空转换的特征和动态转化，揭示了城市矿产资源开发的重要性和必要性[①]。

第三节　生命周期评价

1．美国中西部资源研究所开展可口可乐饮料瓶生命周期评价

1969 年由美国中西部资源研究所[②]（the Mid-west Research Institute）开展的针对可口可乐公司的饮料包装瓶进行全过程的跟踪与定量分析，是第一项生命周期评价研究（profile analysis）。从最初的原材料采掘到最终的废弃物处理，对包装产品的环境排出量和天然资源利用量定量化分析，已找出哪一种饮料瓶对环境的排放最低，且需要的原材料和能源最少[③]。

2．美国环保局委托开展饮料包装瓶资源与环境状况分析

1972 年，美国环保局委托美国中西部资源研究所进行饮料包装瓶研究，分析了玻璃、钢铁、铝、纸和塑料等约 40 种材料，是资源与环境状况分析（Resource and Environmental Profile Analysis）研究的一个里程碑。1970—1975 年，美国环保

① Zeng，X. and Li，J.：Implications for the carrying capacity of lithium reserve in China，Resour. Conserv. Recy.，2013（80）：58-63。

Zeng，X. and Li，J.：On the sustainability of cobalt utilization in China，Resour. Conserv. Recy.，2015（104）：12-18。

Sun，L.，Zhang，C.，Li，J. and Zeng，X.：Assessing the sustainability of lead utilization in China. J. Environ. Manage.，2016（183）：275-279。

② 后来更名为富兰克林夸联盟（Franklin Associates）。

③ Franklin Associates：Product Life-Cycle Assessment：Guidelines and Principles（EPA Report #68-CO-0003），1991。

局开展了约 15 项资源与环境状况分析[①]。

3. 荷兰国家居住、规划与环境部首次提出制定面向产品的环境政策

1989 年荷兰国家居住、规划与环境部，首次提出了制定面向产品的环境政策，涉及产品的生产、消费到最终废弃物处理的全生命周期的所有环节[②]。此后，欧洲各国也开始启动面向产品的环境政策研究[③]。这种全生命周期的管理模式逐渐发展成为今天的“链管理”。

4. 首次生命周期评价国际研讨会召开

1989 年，国际环境毒理学与化学学会（the Society of Environmental Toxicology and Chemistry，SETAC）在美国佛蒙特州主持召开了首次有关生命周期评价的国际研讨会，在会议上首次提出了“生命周期评价”（Life Cycle Assessment）的概念，制定了生命周期评价的通用框架，并被沿用至今。SETAC 将生命周期评价定义为：“生命周期评价是一种对产品、生产工艺以及活动对环境的压力进行评价的客观过程，是通过对能量和物质利用以及由此造成的环境废物排放进行辨识和量化来进行的。其目的在于评估能量和物质利用，以及废物排放对环境的影响，寻求改善环境影响的机会以及如何利用这种机会。这种评价贯穿于产品、工艺和活动的整个生命周期，包括原材料提取与加工；产品制造、运输以及销售；产品的使用、再利用和维护；废物循环和最终废物弃置[④]。”

国际环境毒理学与化学学会（the Society of Environmental Toxicology and

① National Pollution Prevention Center for Higher Education：Note on Life Cycle Analysis，Pollution Prevention in Corporate Strategy，University of Michigan，1995。

② VROM：National Environmental Policy Plan，To choose or to lose，The Dutch Ministry of Housing，Physical Planning and Environment，The Hague，1989。

③ M. Hauschild.，J. Jeswiet and L. Alting.，From Life Cycle Assessment to Sustainable Production：Status and Perspectives，CIRP Annals - Manufacturing Technology，2005，54（2）：1-21。

④ Fava J.A.，Denison R.，Jones B.，Curran M.A.，Vigon B.，Selke S.，Barnum J.（eds）：SETAC Workshop Report：A Technical Framework for Life-Cycle Assessment，Smugglers Notch，Vermont. SETAC，Washington，D. C.，August 18-23，1990。

Chemistry）是首个推动全生命周期发展的组织机构①，立足于学术研究、工业与政府，为 LCA 资源与环境分析工具的发展提供了一个科学平台，致力于推动 LCA 科学研发的进程，并将成果应用到环境管理领域。

5．国际环境毒理学与化学学会出版《生命周期评价纲要：实用指南》

1993 年，国际环境毒理学与化学学会根据在葡萄牙塞辛布拉的一次学术会议的主要结论，出版了长达 69 页的《生命周期评价纲要：实用指南》②，制定了生命周期评价法的基本技术框架。其将生命周期评价的基本结构归纳为：定义目标与确定范围（goal definition and scoping）；清单分析（inventory analysis）；影响评价（impact assessment）和改善评价（improvement assessment）。这份指南重申了早期研讨会报告的基本要点，调整了生命周期评价基本框架的用词，清晰地阐释了第一部分“定义目标与确定范围”的重要性。这份报告为生命周期评价的标准化奠定了基础，在其发布不久，标准化工作就启动了。

6．国际标准化组织发布首个生命周期评价标准

1994—2001 年，国际标准化组织（Internationa Organization for Standardization，ISO）领导了全球生命周期评价的标准化工作，发布了 4 项 ISO 标准。1997 年，国际标准化组织发布首个生命周期评价标准 ISO 14040——《环境管理：生命周期评价的原则与框架》③。1998 年，《环境管理：生命周期评价的目标定义、范围确定与清单分析》发布④。2000 年，国际标准化组织发布了 ISO 14042——《环境

① Life cycle analysis：An operational guide to the ISO standards - Part 1：LCA in perspective.（Final report，May 2001）. http：//media.leidenuniv.nl/legacy/new-dutch-lca-guide-part-1.pdf。

② Society of Environmental Toxicology and Chemistry（SETAC）（1993）：Guidelines for Life-Cycle Assessment：A “Code of Practice”. Based on a Workshop at Sesimbra，Portugal，March 31-April 3 1993，Brussels and Pensacola，Florida（USA）。

③ International Standard Organization-ISO（1997）：Environmental management - Life cycle assessment - Principles and framework. ISO 14040。

④ International Standard Organization-ISO（1998）：Environmental management - Life cycle assessment：Goal and scope definition and inventory analysis. ISO 14041。

管理：生命周期评价的影响评价》[①]和 ISO 14043——《环境管理：生命周期评价的影响说明解释》[②]。这 4 项标准由来自 24 个国家的代表共同开发完成，另外有 16 个国家指派了观察员参与了标准的制订工作。

7．联合国环境规划署与国际环境毒理学与化学学会启动生命周期活动

2002 年，联合国环境规划署（UNEP）与国际环境毒理学与化学学会（SETAC）共同启动了一项国际生命周期伙伴关系（an International Life Cycle Partnership），称为“生命周期活动”（Life Cycle Initiative）[③]，其目的在于推动世界各国有效地将生命周期理念应用到实际生活和生产中。这一活动是为了响应 2000 年世界各国政府针对生命周期经济（Life Cycle economy）发表的《马尔默宣言》（*Malmö Declaration*）而设立的。

第四节　生态效率

1．生态效率概念的首次提出

在实现循环经济的技术路线中，生态效率（eco-efficiency）是一个重要的概念。最早在 1990 年由德国学者斯蒂芬·斯特蒂格（Stefan Schaltegger）与安德烈亚斯·斯特姆（Andreas Sturm）将其作为一个“联结商业与可持续发展”的概念提出，即增加的价值与增加的环境影响的比值[④]。

① International Standard Organization-ISO（2000）：Environmental management - Life cycle assessment：Life cycle impact assessment. ISO 14042。

② International Standard Organization-ISO（2000）：Environmental management - Life cycle assessment：Interpretation. ISO 14043。

③ 参见 Life Cycle Initiative 网站，2017-03-15[2017-03-15]，http：//www.lifecycleinitiative.org/about/about-lci/。

④ Stefan Schaltegger，Andreas Sturm.kologische Rationalit，in Die nternehmung Nr4. 1990：273-290.

2. 世界可持续发展工商理事会定义生态效率

1992 年，世界可持续发展工商理事会（WBCSD）在向联合国环发大会提交的报告《改变航向：一个关于发展与环境的全球商业观点》中将生态效率定义为："提供有价格竞争优势的、满足人类需求并保证生活质量的产品或服务，同时逐步降低对生态的影响和资源消耗强度，使之与地球大概的承载能力相一致①"。生态效率有两层含义：其一，在资源投入不增加甚至减少条件下实现经济增长。其二，在经济产出不变甚至增加的条件下，向环境排放的废弃物大大减少。

3. 经济合作与发展组织定义生态效率

1998 年经济合作与发展组织（OECD）将生态效率概念扩展到政府和工业企业等整个经济领域，将生态效率定义为生态资源满足人类需求的效率，同时指出生态效率为在最优的技术和经济效率的前提下利用自然资源保护环境②。

4. 世界可持续发展工商理事会提出了企业追求生态效率的 3 大目标

1999 年，世界可持续发展工商理事会又提出了企业追求生态效率的 3 大目标是：（1）减少能源、材料、水与土地资源消耗，加强产品的循环性和耐用性，封闭物质循环；（2）减少空气排放、废物处置与有毒物质等对自然的影响；（3）增加产品或服务价值，向顾客提供更多的利益③。

5. 世界可持续发展工商理事提出企业实施生态效率的 7 个基本原则

2001 年世界可持续发展工商理事提出企业实施生态效率的 7 个基本原则为：（1）降低产品与服务的原料消耗强度；（2）降低产品与服务的能量消耗强度；（3）减少毒性物质的扩散；（4）增进原料的可回收性；（5）将可再生资源的使用最大化；（6）提高产品的耐久性；（7）增进商品的服务强度。这 7 个要素总结起来可以得到生态效率的 3 个主要目标，即减少资源的消耗、减少对自然的影

① Bjrn Stigson：Eco-efficiency：Creating more value with less impact，WBCSD，2000：5-36。

② Organization for Economic Co-operation and Development：Eco-efficiency，Geneva，1998：7-11。

③ WBCSD：Measuring Eco-Efficiency. A Guide to Reporting Company Performance，Geneva，2000。

响、提高产品或服务的价值[①]。

6. 法耶·杜琴等提出动态投入产出模型

1992年，法耶·杜琴（Faye Duchin）等在《美国科学院院报》上发表文章，提出动态投入产出模型这一推动生态工业园发展的新方法，成为分析工业系统生态效率的有效工具[②]。根据他提出的模型，工业园管理部门可以很好地分析进入园区的各种材料的种类、品质和数量，以及了解园区产生各种产品、副产品及废物的数量和质量。这种模型的诞生可以保证工业园管理者和园区企业自行寻找园区范围的副产品交换机会，以提高园区整体的生态效率。

第五节 能值分析

1. 霍华德·奥德姆首次阐述能值概念理论

能值理论和分析方法是以霍华德·奥德姆（Howard Thomas Odum）为首经过20多年研究发展出来的，他首次阐述了能值概念理论，是该理论和方法的创始人[③]。1987年，霍华德·奥德姆接受瑞典皇家科学院克莱福奖时发表的演讲论著[④]和在1988年发表在《自然》刊物的论文中，首次阐述了能值概念理论，论述了能值与能质、能量等级、信息、资源财富等的关系[⑤]。1995年出版了世首部能值专著《环境价值计量：能值与环境决定因素》（*Environmental Accounting: Energy and Environmental Decesion Making*），深刻阐述了能值概念、理论和分析方法，总

① Bjrn Stigson：A Road to Sustainable Industry：How to Promote Resource Efficiency in Companies，Dsseldorf，BCSD，2001。

② Duchin，Faye：Industrial input-output analysis：Implications for industrial ecology，Proceedings of the National Academy of Sciences of the USA，Washington D.C.，1992，89（3）：851-855。

③ 陈秀琼：《基于能值和火用的钢铁工业园区可持续性评价》，大连理工大学，2011。

④ The Craford prize 1987 for Eugene P. Odum and Howard T. Odum，with an overview of H.T. Odum's career，23 September 1987。

⑤ Howard T. Odum：Self-Organization，Transformity，and Information，Science，1988，242（4882）：1132-1139。

结国际能值研究，综述了系统生态学、生态系统能量学、生态经济学及生态工程学等理论[①]。

1975 年霍华德·奥德姆等评估了南佛罗里达州长期经济活动中的能源、水和土地使用，分析该地区的能量流动的经济效益及环境效益做出的系统研究，并建立了能源使用的优化模型[②]。

2. 迈克尔·肯普等首次评估63国煤炭能值

1981 年，迈克尔·肯普（Michael Kemp）等首次对 63 个国家进行了煤炭能值估算分析[③]，并且将燃料利用和可更新资源对环境的贡献合并在一起分析，研究结果表明世界各地的自然能值利用情况不同，其中包括许多低能值利用的国家和一些高能值利用的国家，国家级经济产出和效率影响因素包括人口、面积、燃料消耗和自然资源基础等。

3.《当代生态学博论》首次把能值理论、方法和有关研究介绍到中国

中国开展能值分析研究开始于 1989 年留美学者在美国佛罗里达大学直接与霍华德·奥德姆（Howard Thomas Odum）的合作研究，参与了美国 NSF 有关项目和能值专著工作。1992 年在《当代生态学博论》一书中发表了 2 万多字的文章，首次把能值理论、方法和有关研究介绍到中国[④]。2002 年，蓝盛芳等出版了中国第一本能值专著——《生态经济系统能值分析》[⑤]。

---

① Howard T. Odum：Environmental Accounting：Emergy and Environmental Decision Making，Wiley，1995。

② H. T. Odum，and M. T. Brown（eds）：Carrying Capacity for Man and Nature in South Florida. Energy Models for Recommending Energy，Water and Land Use for Long range Economic Vitality in South Florida，Report CX000 130057（National Park Service，US Department of the Interior and the Florida Division of State Planning，Center for Wetlands，University of Florida，Gainesville，Florida 1975）vol 1-3。

③ Kemp，W.M.，W.R. Boynton and K. Limburg.: The influence of natural resources and demographic factors on the economic production of nations，In W.J. Mitsch，R.W. Bosserman，J.M. Klopatik（eds.）Energy and ecological modeling，Elsevier，Amsterdam，1981，827-839。

④ 刘建国：《当代生态学博论》，北京，中国科学技术出版社，1992。

⑤ 蓝盛芳，钦佩，陆宏芳：《生态经济系统能值分析》，北京，化学工业出版社，2002。

第六节　指标体系法

1．联合国统计署建立环境经济综合核算体系

联合国统计署（United Nations Statistics Division）于1989年和1993年先后发布了《综合环境与经济核算体系》（System of Environmental-Economic Accounting），为建立绿色国民经济核算总量、自然资源账户和污染账户提供了一个共同的框架①。除环境经济综合核算体系之外，为在国民经济的核算体系中反映环境信息，UNSD于1993年建立了经济福利持续指标（ISEW）、真实进步指数（GPI）、真实储蓄率（GSI）、人文发展指数（HDI）、生态足迹（EF）等。

2．美国经济学家戴利与科布提出“可持续经济福利指数”

1989年，美国经济学家戴利（H. E. Daly）与科布（J. B. Cobb）共同提出“可持续经济福利指数”②。这套指数从个人消费开始，增加非防护性支出和资产构成，扣除防护支出、环境损害费用和自然资产折旧，并反映社会分配的不公平。

3．墨西哥在发展中国家中率先实行绿色GDP

墨西哥是发展中国家，率先实行了绿色GDP。1990年，在联合国支持下，墨西哥将石油、各种用地、水、空气、土壤和森林列入环境经济核算范围，再将这些自然资产及其变化编制成实物指标数据，最后通过估价将各种自然资产的实物量数据转化为货币数据。这便在传统国内生产净产出（NDP）基础上，得出了石油、木材、地下水的耗减成本和土地转移引起的损失成本。然后，又进一步得出了环境退化成本。与此同时，在资本形成概念基础上还产生了两个净积累概念：经济资产净积累和环境资产净积累③。

---

① 参见UNSD网站，2017-03-15[2017-03-15]，http：//unstats.un.org/unsd/envaccounting/seea.asp。

② Daly，H. E. and J. B. Cobb Jr.：For the common good. Redirecting the economy toward community，The environment and a sustainable future，Boston：Beacon Press，1989。

③ 卢峰：《可持续发展与绿色GDP》，载《现代经济信息》，2010（23）：17-19。

4. 世界银行首次公布使用“扩展的财富”指标作为衡量全球或区域发展的新指标

1995年，世界银行首次公布使用“扩展的财富”指标作为衡量全球或区域发展的新指标。扩展的财富概念中包含了“自然资本”“生产资本”“人力资本”“社会资本”四大组要素，丰富了“财富”的内涵。这一指标能够客观、公正、科学地反映世界各地区发展的真实情况，为国家拥有的真实“财富”及其发展随时间的动态变化，提供了一种可比的统一标尺[①]。

5. 真实发展指标的提出

1995年，美国公共政策智库重新定义（Redefining Progress）的克里福德·科布（Clifford Cobb）等专家在《大西洋月刊》（*The Atlantic Monthly*）上发表重要文章，提出了真实发展指标（Genuine Progress Indicator，GPI），用于衡量一个国家或地区的真实经济福利。该指标扩展了传统的国民经济核算框架，包括社会、经济和环境三个账户，首先在美国、加拿大和英国得到应用[②]。

GPI指数是对GDP的调整，对GDP忽略的20多个方面了进行估计，把非市场服务如家庭工作和自愿活动进行货币化，从经济角度对国家福利进行测算。在GPI中有三项支出被扣除，包括防御支出（补充过去的成本）、社会成本和环境资产和自然资源的消耗。

6. 联合国可持续发展委员会提出的“驱动力—状态—响应”(DSR)指标体系

联合国可持续发展委员会于1996年提出的“驱动力—状态—响应”指标体系（Driving force-state-response framework），是由联合国可持续发展委员会（CSD）和联合国政策协调与可持续发展部（DPCSD）牵头，在联合国统计局、开发计划署、环境规划署、联合国儿童基金会和亚太经社理事会等机构的共同努力下，根

① 李厚刚：《可持续城市化支撑体系研究》，武汉理工大学，2011。

② Clifford Cobb，Ted Halstead，and Jonathan Rowe：IF THE GDP IS UP，WHY IS AMERICA DOWN，The Atlantic Monthly，1995 Oct。

据可持续发展的需要，将其扩展到环境之外的社会、经济和制度问题，其主要指标包括社会类、经济类、环境类、制度类等四大类[①]。其中环境类包括：反映有害废物环境无害管理的指标；有害废物生成量、有害废物进出口量、有害废物污染的土地面积、处理有害废物的支出；反映放射性废物的安全和环境无害管理的指标；放射性废物的生成量。

7．生态足迹概念和模型的提出

1996 年，加拿大生态经济学家威廉（William）及其博士生瓦克纳戈尔（Wackernagel）共同提出生态足迹（Ecological Footprint）的概念和模型，是对解决如何判定全人类是否生存于地球生态系统承载力范围内问题的一种研究尝试[②]。生态足迹反映了人类对环境的影响，包含了可持续性的机制，用于衡量人类当前消耗了多少用于延续人类发展的自然资源。

8．中国十个省市启动绿色 GDP 试点工作

2005 年，国家环保总局和国家统计局在北京市、天津市、河北省、辽宁省、浙江省、安徽省、广东省、海南省、重庆市和四川省等十个省市启动了以环境核算和污染经济损失调查为内容的绿色 GDP 试点工作[③]。试点内容：一是研究《中国环境经济核算体系框架》，提出完善建议，建立适合本地区的资源环境经济核算体系框架。二是开展污染损失调查。通过对污染损失案例的调查，建立地区污染经济损失估算模型和估算方法，确定估算技术参数；按国家技术组提供的调查表收集数据，完成大气污染损失、水污染损失、固体废物污染损失以及重大环境污染事故经济损失核算。三是开展环境核算。开展环境污染实物量核算；按国家技术组提供的企事业单位环保支出调查表，进行企事业单位环保支出调查表，进行企事业单位环保支出项目调查，确定内部环境污染治理成本；在污染损失调查、

---

① United Nations，Indicators of Sustainable Developement-Guidelines and Methodologies，Third Edition，New York，2007。

② Wackernagel，M. and Rees，W.：Our Ecological Footprint：Reducing Human Impact on the earth，Gabriela Island，B.C.，New Society Publisher，1996。

③ 《国家在十省市启动绿色 GDP 试点工作》，载《中国水泥》，2005（4）：63 页。

污染实物量核算和环境污染治理成本调查的基础上进行环境核算。

9. 国家统计局首次发布中国循环经济发展指数

2013 年 3 月 19 日，国家统计局首次发布中国循环经济发展指数，该指数以 2005 年为基期计算，2013 年中国循环经济发展指数达到 137.6，平均每年提高 4 个点[①]，资源消耗减量化稳步推进，废物排放减量化效果明显，污染物处置水平大幅提高，循环经济发展成效明显。同时，废物回用进展较慢仍是发展循环经济的软肋。

2013 年，中国国家统计局对四个循环经济相关的主要指标从 2005 年以来的变化进行了分析，这些指标包括资源消耗强度（每单位 GDP 的资源消耗量），废物排放强度（每单位 GDP 的废物排放量），废物回用率，以及污染物处置率。截至 2013 年的 8 年间，资源消耗强度和废物排放强度指标分别改善 34.7%和 46%。这些指标的改善清楚体现了中国经济正在实现经济增长和资源消耗（如对金属、水、能源、生物质等物质的消耗）的相对脱钩[②]。基于城市污水处理率、城市生活垃圾无害化处理率和主要污染物去除率等二级指标计算的污染物处置率上升 74.6%。而废物回收再利用进展缓慢，仅增长 8.2%。在汇总这些指标的基础上，国家统计局建立了这一循环经济综合发展指数。

① 参见统计局网站，2017-03-15[2017-03-15]，http：//www.stats.gov.cn/tjsj/zxfb/201503/t20150318_696673.html。

② J.A. Mathews and H. Tan；Circular Economy：Lessons from China，Nature，2016（531）：440-442。

第七章　学术篇

第一节　综合介绍

1．“循环经济”一词在中国的提出

“循环经济”一词在中国最初由刘庆山在1994年提出，从资源再生的角度提出废弃物资的资源化，其本质是自然资源的循环经济利用。文章指出“废弃资源再资源化，是通过人工回收利用，把废弃资源作为社会物质资料再生产的原材料资源，亦即再生资源。这是‘物质不灭’这一物理学定律在自然界的具体表现，物质本身没有‘废料’。废弃资源再资源化实质是自然资源的循环经济利用[①]”。

2．中国理论界首次关注循环经济

1997年闵毅梅在《环境导报》上发表了一篇名为《德国的〈循环经济法〉》，标志中国理论界开始关注循环经济。此后，循环经济引起了中国专家学者的广泛关注和探讨。文章指出1996年10月生效的德国《循环经济法》，对废物清除行业将起到明显的推动作用，其核心思想是促使更多的物质资料保持在生产圈内[②]。

3．常纪文提出“二十三制度说”

2004年，在《中国循环经济法制建设存在的问题及其对策》一文中，常纪文

① 刘庆山：《废弃资源再资源化的研究》，载《天津农学院学报》，1994（z2）：11-16页。

② 闵毅梅：《德国的〈循环经济法〉》，载《环境导报》，1997（4）：40页。

提出的“二十三制度说”[①]。作者针对中国已经和可能存在的循环经济法律问题，把中国应确立和完善的循环经济法律制度归纳为：（1）考虑资源耗费、污染损害和生态破坏的绿色GDP制度；（2）考虑循环经济发展的计划和规划制度；（3）考虑产业结构和企业空间布局的循环经济布局制度；（4）排除地方保护主义干扰的有效管理和监督制度；（5）促进生态设计技术、工艺优化、循环经济信息发展的科技研究制度；（6）抑制废物形成的减量化制度；（7）提高循环经济发展水平的循环目标制度；（8）强制和自愿循环相结合的循环名录制度；（9）保证废物安全循环的循环模式和程序制度；（10）重要技术、工艺、设备和区域的示范制度；（11）循环技术和工艺标准制度；（12）行政和技术指导制度；（13）生产者责任制度；（14）委托者付费制度；（15）污染损害者赔偿制度；（16）宣传教育与职业培训制度；（17）公众参与和监督制度；（18）环境信息建设制度；（19）市场准入和市场运行管理制度；（20）发展与培育中介组织制度；（21）推广循环产品标志与循环包装标志制度；（22）消除废物再生利用的垄断制度，包括税费征收、可交易许可证、押金退款、绿色补贴、价格支持等在内的经济刺激制度；（23）在产业融资、鼓励绿色消费、政府绿色采购、财政绿色补贴、环保专项基金支持、贴息贷款、增值税与所得税减免、照顾性地分配污染物排放总量指标、建立科技研究与中小企业发展基金、鼓励废物回收与再生企业的市场化、鼓励循环经济企业的股票上市、优先发行循环经济债券与彩票等方面建立政府扶持制度。

4．叶如棠提出“七制度说”

2005年12月8—9日，在北京召开的“循环经济与绿色营销战略研讨会”上，中国人大环境与资源保护委员会副主任委员叶如棠在发言中就环资委所承担的循环经济法立法工作做了介绍，指出根据初步研究，循环经济的基本法律制度包括循环经济发展的规划制度、循环经济发展产业指导制度、循环经济发展的科技支撑和示范制度、生产者责任延伸及产品回收利用制度、消费者责任和绿色消费制度、重点污染企业强制实施循环经济的制度、循环经济发展的激励制度和循环经济发展的公众参与制度等的七项制度[②]。

---

① 常纪文：《中国循环经济法制建设存在的问题及其对策》，载《红旗文稿》，2004（16）：29-31页。

② 叶如棠：《依法推进循环经济发展》，载《环境保护》，2006（1）：9-10页。

5．孟迪云提出“十制度说”

2006 年，在《完善中国循环经济法律制度的思考》一文中，孟迪云提出了建立和完善中国的循环经济法律制度的“十制度说”。作者在分析发达国家循环经济法制建设基础上，论述了建立中国循环经济法制建设的基本原则，最后指出，中国应从绿色 GDP 核算制度、有效管理和监督制度、有效管理和监督制度、科技研发促进制度和抑制废物形成制度、循环名录、循环目标及循环程序制度、技术与工艺标准及技术性指导制度、法律义务和责任制度、政府扶持制度、市场准入制度和经济激励制度、信息化建设制度等十个方面建立和完善中国的循环经济法律制度①。

6．孙佑海提出“十六制度说”

2007 年，在《循环经济立法基本问题研究》一文中，孙佑海所提出建立中国的循环经济法律制度的“十六制度说”。作者从中国制定循环经济法的三个方面予以论述，即首先要树立正确的立法指导思想、目标和原则；其次是循环经济法的框架和主要法律制度的构想；最后如何进行循环经济立法，建议重点构建以下制度：促进循环经济发展的管理体制；发展循环经济的规划制度；市场准入制度；生产者责任延伸制度；循环经济评价指标体系制度；可持续消费制度；鼓励、限制、禁止名录制度；资源产权制度；建立生产单位利用、处置废旧资源的基本顺序制度；促进废旧包装物以及部分产品的强制回收制度；建立和完善科技支撑和示范制度；经济激励制度；公众参与和信息公开制度；跨行业协调制度；无害化发展制度；法律责任制度等②。

7．冯之浚提出“八制度说”

2007 年，在《循环经济法将做出哪些制度安排》一文中，中国人大环资委副主任、循环经济立法起草小组组长冯之浚，介绍了自 2005 年 7 月中国人大常委会启动循环经济立法程序以来，经过两年形成的《循环经济法（草案）》征求意见稿，

① 孟迪云：《完善中国循环经济法律制度的思考》，载《理论月刊》，2006（6）：140-142 页。

② 孙佑海：《循环经济立法基本问题研究》，载《资源节约与环保》，2007，23（96）：31-35 页。

其中对发展循环经济做出了相关制度安排[①]，主要包括：（1）建立循环经济规划制度，明确政府绩效评价考核和鼓励、限制或禁止措施的具体要求；（2）建立循环经济评价指标体系和考核制度，杜绝一些地方重经济增长轻资源和环境保护的做法；（3）建立循环经济的标准、标识、标志和认证制度，规范政府评价循环经济发展状况的依据和手段；（4）建立以生产者为主的责任延伸制度，明确生产者应依法承担其产品废弃后的回收、利用、处置的责任；（5）建立对重点企业资源节约和循环利用的定额管理制度，加强对钢铁、有色金属、煤炭、电力、石油石化、化工、建材、建筑、造纸、纺织、食品等主要工业行业的高耗能、高污染企业的监管；（6）完善产业政策制度，规范和引导符合循环经济要求的产业发展，限制高消耗、高污染行业的发展；（7）建立政策激励制度，调动各行各业的积极性，鼓励走循环经济的发展道路；（8）建立明确政府、企业和公众责任的有关制度，以充分发挥政府的主导作用、企业的主体作用和公众的参与作用。

8．王灿发提出“八制度说”

2007年，王灿发、李丹发表《循环经济法的建构与实证分析》一文，提出循环经济法构建的“八制度说”，应主要包括：循环经济规划制度；鼓励、限制、禁止名录制度；循环经济标准与指标体系制度；生产者延伸责任制度；经济扶持制度；循环利用产品优先准入制度；限额制度；再生资源回收利用经营管理制度[②]。

9．中国高校设立首个循环经济研究方向

2007年，北京工业大学设立了中国首个循环经济研究方向，在“人口、资源与环境经济学”专业硕士培养中设立循环经济研究方向，实行多学科联合培养方案。2008年“资源、环境及循环经济”交叉学科荣获北京市重点学科。2010年，北京工业大学循环经济研究院与材料学院联合获得教育部首批“资源循环科学与工程”本科专业。2012年获批教育部首个“资源环境与循环经济交叉学科”专业（博士、硕士招生）。

---

① 冯之浚：《循环经济法将作出哪些制度安排》，载《中国经济周刊》，2007（29）：34页。

② 王灿发，李丹：《循环经济法的建构与实证分析》，载《现代法学》，2007，29（4）：106-112页。

10．中国首套《循环经济研究丛书》

2007年8月由北京工业大学循环经济研究院组织编写，中国政协常委左铁镛院士、中国人大环资委副主任冯之浚教授任总主编，国务院发展研究中心资源与环境政策研究所研究员程会强执行总主编的国内首套《循环经济研究丛书》由科学出版社出版①。

在首批出版的四本书中，《德国循环经济研究》《日本的循环型经济与社会》是长期在海外留学、工作的学者，根据国外的第一手资料结合中国实际编写。这两本书全面介绍了发达国家发展循环经济的经验、教训以及对中国发展循环经济的借鉴。《再制造与循环经济》《电子电气产品的循环经济战略及工程》是长期从事循环经济技术研究的科研人员，根据重大课题科学研究的结晶。这两本书分别阐述了再制造工程的内涵、学科体系、再制造在循环经济中的地位和作用、再制造工程的先进关键技术以及电子电气产品的设计、生命周期过程中的材料流向、资源化技术及相关政策法规等。

11．中国首家循环经济研究院

2003年7月5日，以冯之浚为院长的“上海大学循环经济研究院”成立，这是国内首家循环经济研究院②。研究院由上海大学、上海市人大城市建设环境保护委员会、上海市经济委员会、上海市环保局主办，国家发展和改革委员会国土资源与地区经济研究所、国家科技部调研室、科技日报、中国建材协会合办，海南药监局、山东东营人民政府、宝钢开发公司、华星集团、浙江工业大学协办。由钱伟长教授任名誉院长，中国人大环资委副主任委员、著名学者冯之浚教授任院长，中国工程院院士钱易教授任学术委员会主任，上海市人大城建环保委员会主任关壮民先生任理事长。

12．中国成立首个国家级循环经济研究基地

2012年7月31日，中华人民共和国商务部循环经济研究基地隆重挂牌成立，

① 参见北京工业大学循环经济研究院网站，2017-03-15[2017-03-15]，http：//ice.bjut.edu.cn/。

② 参见上海大学网站，2017-03-15[2017-03-15]，http：//www.shu.edu.cn。

成为商务部主导的第一个国家级循环经济研究基地[①]，是中国循环经济研究的开放式公共平台。基地常设办公地址在湖北省武汉市东湖高新开发区，依托湖北省商务厅和深圳市格林美高新技术股份有限公司来建设与运营。基地以对接国际、服务国家、服务行业为宗旨，建成中国循环经济理论与商业模式研究基地、循环经济技术与标准的研究基地、循环经济模式实践与成果转化基地、循环经济高端人才聚集、高端人才培养与国际合作交流基地、循环经济理念普及与教育基地。基地将完成接轨国际先进水平，研究消费领域的循环经济理论体系与商业模式；聚集专家、培养人才、促进开放合作、推动成果转化；引导绿色消费、促进消费升级；宣传教育、实践模式、辐射大众这四大历史使命。

基地的工作模式主要通过政企联合，充分发挥政府引导、专家指导和企业建设的各方面优势与责任，推动探索发展循环经济的实践路径，构建政府引导下的、以企业为中心的研究与创新机制。

13. 艾伦·麦克阿瑟基金会成立

2010 年以来，由环球帆船赛女帆船手艾伦·麦克阿瑟（Ellen MacArthur）创立的与她同名的基金会，一直在为提高制造商和决策者的循环经济意识而努力，促进创新和循环经济的发展，积极与企业和大学合作加快向循环经济转换的速度。与基金会开展合作的大学包括荷兰的代尔夫特理工大学，英国的布拉德福德大学等[②]。

14. 欧盟地平线 2020 计划首次呼吁开展循环经济

2014 年 9 月，瑞典战略环境研究基金会（Mistra）和欧盟地平线 2020 计划首次提出开展循环经济的呼吁[③]，旨在通过开展大规模的再利用和产品再制造来构造环境闭环，提升资源效率。9 月 22 日，欧盟地平线 2020 计划网站开放了这一循

① 参见格林美有限公司网站，2017-03-15[2017-03-15]，http：//www.gemchina.com/gongsidongtai/2012/08-01/547.html。

② 参见麦克阿瑟基金会网站，2017-03-15[2017-03-15]，https：//www.macfound.org/。

③ 参见 MISTRA 网站，2017-03-15[2017-03-15]，http：//www.mistra.org/en/mistra/news/news-archive/2014-09-12- new-call-in-the-circular-economy.html。

环经济项目的申请。

15. 清华大学组建中国首个“循环经济与城市矿产”研究团队

2016年4月，清华大学组建了中国首个“循环经济与城市矿产”研究团队。2013年起，清华大学各院系全面启动新一轮人事制度改革，推动学校人才引进、队伍建设和学科建设等各项工作，鼓励各院系根据学科特点，探索相应的团队建设模式，超前部署一批面向未来10年甚至20年的重大科技项目。2016年4月，清华大学环境学院组建了以李金惠教授为首席专家的“循环经济与城市矿产”研究团队。团队定位于环境工程学科与环境系统工程学科、环境政策学科在生活和消费过程废弃物管理领域的交叉融合，体现在物质生产、使用、废弃后收集、处理与利用以及最终处置的全生命周期管理中政策与共性技术研究，重点研究社会层面上废弃物的回收再利用体系和社会层面循环经济体系及其支撑技术。

16. 中国环境科学学会循环经济分会成立

根据环境学科发展和推动科技创新的需要，2016年中国环境科学学会第七届理事会第十五次常务理事会审议，同意成立中国环境科学学会循环经济分会，分会将依托巴塞尔公约亚太区域中心进行管理[①]。

中国环境科学学会循环经济分会旨在搭建循环经济相关理论、政策、技术研究和学术交流平台，促进其深入研究与发展，构建符合我国国情的循环经济研究体系和发展模式，引领我国循环经济发展实践，促进我国生态文明建设。

第二节 里程碑文章

1.《走向循环经济：经济与商业加快转型的基本原理》

2012年1月25日，艾伦·麦克阿瑟基金会发布报告《走向循环经济：经济

① 参见中国环境科学学会网站，2017-03-15[2017-03-15]，http://www.chinacses.org/newsDynamic/985.jhtml。

与商业加快转型的基本原理》（*Towards the Circular Economy: Economic and business rationale for an accelerated transition*），运用产品案例研究和经济系统分析，对发展循环经济将为欧盟带来的收益进行了详细的论证分析[①]。研究结果表明通过刺激产品开发、翻新和再制造，欧盟各制造行业到2025年可实现每年节约价值6 300亿欧元的材料。

2.《走向循环经济：消费品领域的机遇》

2013年1月25日，艾伦·麦克阿瑟基金会在达沃斯发布了一份新的报告《走向循环经济：消费品领域的机遇》（*Towards the Circular Economy: opportunities for the consumer goods sector*），由麦肯锡公司基于去年的报告研究撰写，量化了循环商业模式产生的经济效益，明确了发展的道路[②]。报告关注消费品领域，其平均每年占消费金额的60%和占材料消耗的35%，更重要的是，消费品领域每年消纳了超过90%的农产品，未来将是我们身边最富资源的产品。报告指出未来的消费品行业可为全球经济带来7 000亿美元利润，其中：

（1）家庭餐厨垃圾：收集家庭餐厨垃圾制沼气，将营养物排放至农耕土壤中，可产生巨大的收益。每吨餐厨垃圾可产生26美元的电力、18美元的热能和6美元的肥料。

（2）废旧纺织品：提升废旧衣物的回收、再使用或再缝制，可节省710亿美元，并带来额外的收益。

（3）饮料包装：饮料制造商可以通过使用可再使用的玻璃瓶来减少物料的投入和包装价格。每100 L啤酒可减少20%的生产成本。

3．耿涌等在《科学》上发表文章《中国循环经济评估》

2013年3月，耿勇等在《科学》上发表文章《中国循环经济评估》（*Measuring China's Circular Economy*），分析了中国在开发新的环境指标体系来评估和管理循

① Ellen MacArthur Foundation：Towards the Circular Economy：Economic and business rationale for an accelerated transition，2013。

② Ellen MacArthur Foundation：Towards the Circular Economy：opportunities for the consumer goods sector，2013。

环经济方面的机遇[①]。文章指出：面对自然资源消耗，环境衰退和随之而来的民众的失望，中国政府出台发展循环经济的战略，提倡生态文明建设，绿色发展和低碳发展。中国的科研工作者在大量循环经济系统中开展了能值指标评价的研究，但都没有得到良好的组织和整合。能值分析法提供了一个集成方法的框架，可以和其他的循环经济评价方法综合使用。中国需要建立一个综合环境绩效评价的国家研究委员会，开展深入的针对能值法与其他评价方法的结合研究。国家应建立规划和管理机制，来辅助决策环境绩效指标的研究方向，加强成果在科研工作者中的共享，促进成果在实际应用中的转化。搭建环境绩效指标数据库，组织各级培训机会是必要的。分散的国际科研工作需要得到整合，形成一套能值分析方法，作为政策制定的有效的决策工具。

4.《走向循环经济：加快全球供应链的规模化》

世界经济论坛（World Economic Forum）、艾伦·麦克阿瑟基金会（Ellen MacArthur Foundation）和麦肯锡公司（Mckinsey & Company）联合发布报告《走向循环经济：加快全球供应链的规模化》（*Towards the Circular Economy: Accelerating the scale-up across global supply chains*），旨在协调供应链相关方在经济全球化和错综复杂的供应链之下达成实现提升循环经济规模的共同目标，为工业领袖建议一个详细的联合行动计划[②]。这项研究预测如果公司注重循环供应链的构建来增加再利用、资源化与再制造，使废弃产品的价值最大化，到 2025 年，全球经济将实现 1 万亿美元的增长，并在未来 5 年内创造出 10 万个新增工作岗位。

5.《新动力：循环经济中有效的商业模式》

2014 年 1 月，艾伦·麦克阿瑟基金会发布《新动力：循环经济中有效的商业模式》（*A New Dynamic: effective business in a circular economy*），指出面对原材料使用量的大幅增长、原料和能源价格的不稳定，艰难的信贷条件，以及众多的数

---

① Y. Geng，J. Sarkis，S. Ulgiati，P. Zhang. Measuring China's Circular Economy. Science. 2013. 339（6127）：1526-1527。

② Ellen MacArthur Foundation：Towards the Circular Economy Vol. 3：Accelerating the scale-up across global supply chains，2014。

字革命的机会，都使得发展循环经济成为未来 10 年的重要驱动力。报告的主要内容包括对循环经济商业模型的理解，商业案例解析，以及对当前商业机会的分析。

6.《发展循环经济：政策决策者的工具包》

2015 年 6 月，艾伦·麦克阿瑟基金会与丹麦商会（Danish Business Authority）和丹麦环境保护署（Danish Environmental Protection Agency）、麦肯锡及 NERA 经济咨询公司共同发布了《发展循环经济：政策决策者的工具包》（*Delivering the circular economy：a toolkit for policymakers*），为致力于发展循环经济的政策决策者提供帮助。报告识别出 8 项关键性发展理念，阐述了具体的政策措施，以及将面临的机遇和障碍，并以丹麦为例展示了如上工具的应用。

7.《欧洲循环经济前景展望》

2015 年 6 月，艾伦·麦克阿瑟基金会发布了《欧洲循环经济前景展望》（*Growth Within-a circular economy vision for a competitive Europe*）的研究报告，指出到 2030 年，循环经济可给欧洲经济带来 2.6 万亿欧元的增长，但事实上循环经济仍然立足不稳，经济快速发展的需要阻碍了其可持续性。这一报告及时地为欧盟委员会实施的循环经济展战略提供了事实依据①。

到 2030 年，循环经济将给欧盟带来 1.8 万亿欧元的利润，是现行发展模式产生利润的两倍（0.9 万亿欧元）。应用循环经济原则，欧洲可通过技术革新，使现行发展模式下的居民的平均可支配收入提高 11%，到 2030 年，GDP 比当前提高 11%，而现行发展模式下，GDP 的增长幅度为 4%。这种循环经济发展模式也将使家庭在其他方面受益。交通拥挤导致的时间损失到 2030 年将降低 16%，到 2050 年将降低近 60%。

到 2030 年，二氧化碳排放量将降至现在水平的一半。主要材料消耗的汽车制造和建筑材料、房地产业、合成化肥、农药、农业用水、燃料和不可再生电力等将在 2030 年下降到当前水平的 32%，到 2050 年将下降至当前水平的 53%。

---

① 参见艾伦·麦克阿瑟基金会网站，2017-03-15[2017-03-15]，https：//www.ellenmacarthurfoundation.org/publications/growth-within-a-circular-economy-vision-for-a-competitive-europe。

8.《循环经济：一份流动的财富》

2015 年 7 月，艾伦·麦克阿瑟基金会创新部主任肯·韦布斯特（Ken Webster）发表《循环经济：一份流动的财富》（*The Circular Economy - A Wealth of Flows*），阐释了刺激循环经济这一新兴的经济繁荣的行动方针。报告指出当前是向循环经济转型的大好时机，应构思超越废物的设计，推广产品使用权，促进原材料的梯级利用、提升资源效率，重构资本和经济弹性①。

9.《新塑料经济：塑料未来的再审视》

为了推动商业驱动的创新，加速循环经济的规模化发展，世界经济论坛、艾伦·麦克阿瑟基金会与麦肯锡公司于 2016 年 1 月共同发布《新塑料经济：塑料未来的再审视》（*The New Plastics Economy：Rethinking the future of plastics*），首次阐述了一个塑料产品不再转化为废物的世界经济，并概括了具体的实施步骤以及所需的系统转变。报告指出，塑料原料与塑料包装物是全球经济的重要组成部分，当今的塑料价值链还存在着极大的缺陷。同时，这份研究也是首次对全球塑料包装物的流向进行评估，发现多数塑料包装物仅会被使用一次，塑料包装物材料的 95%的价值流失，这项损失每年高达 1 200 亿美元，并带来不可忽视的负外部性效应。

10.《新塑料经济的革新行动计划》

在 2017 年 1 月的达沃斯论坛上，世界经济论坛、艾伦·麦克阿瑟基金会与麦肯锡公司共同发布了《新塑料经济的革新行动计划》（*The New Plastics Economy：Catalysing action*）。报告指出当前全球塑料包装回收率仅为 14%，为了将塑料包装的再使用和回收率提升至 70%，由 40 个塑料行业领军企业联名签署了一项行动计划，以推动全球塑料产业设计更好的包装物，提升塑料包装回收率，建立促进包装物利用的新模式。这一行动计划的 3 项战略包括：

（1）加强小型塑料包装的基础设计和创新。小型塑料包装，如小型塑料密封

① 参见 Circular Economy Club 网站，2017-03-15[2017-03-15]，http：//www.circulareconomyclub.com/the-circular- economy-a-wealth-of-flows-by-ken-webster-2。

袋、塑料贴纸、塑料盖、糖纸等，占市场的30%（重量比），经常没能进入收集体系，最终流散到环境中。

（2）推广塑料包装再使用，例如，使用可重复使用的塑料袋来代替一次性塑料袋，可实现至少20%塑料包装的再使用。

（3）通过改良塑料包装设计，完善塑料包装废弃物管理体系，来加强塑料包装的回收利用，可回收利用至少50%的塑料包装。

11.《智能设备：解锁循环经济潜力》

2016年2月，世界经济论坛和艾伦·麦克阿瑟基金会共同发布了《智能设备：解锁循环经济潜力》（*Intelligent Assets：Unlocking the circular economy potential*），作为“主流项目”（*Project MainStream*）的一项重要成果。报告指出“数字技术正在推动经济的深度变革。通过将循环经济的原则应用到数字技术变革中，将创造丰厚的经济收益和社会收益”。智能设备是将循环经济原则应用到信息领域的载体，能够搭建一个覆盖面广且创造力强的创新平台，从而实现经济发展与资源使用的脱钩，同时收获多方面的社会效益。

12. 沃尔特·斯塔赫在《自然》上发表专家评论：循环经济

2016年3月《自然》期刊发表了循环经济专刊。其中沃尔特·斯塔赫（Walter R. Stahel）发表题为《循环经济》的专家评论。作者倡导与产品和物料形成一种新的关系，尽可能再使用，对无法再使用的产品进行回收，对破损的产品进行维修，从而节约资源和能源，创造新的就业机会。在循环经济模式中，产品废弃后，会成为另一个生产者的加工原料，形成产业生态体系闭环，将废物产生量降至最低[①]。

13. 约翰·马修斯在《自然》上发表专家评论：循环经济之中国的经验

2016年3月，澳大利亚麦考瑞大学管理学院战略管理学教授约翰·马修斯

① Walter R. Stahel：The circular economy. 2016. 531（7595）：435。

（John A. Mathews）在《自然》杂志发表评论：循环经济之中国的经验。他指出中国资源利用效率较低，且产生大量的废弃物，对中国自身乃至世界带来巨大压力①。此外，中国经济依赖大宗原材料进口，地缘政治风险随之上升。

在过去 10 年中，中国通过设定具体目标，运用行政、金融、立法等措施促进废物循环使用，最终目标是为了实现“循环经济”，其推行循环经济的力度领先世界其他国家。目前，取得的成果尚不明显，中国经济向循环方式转型还存在巨大的障碍。然而，由于一半以上的工业活动是在各类工业园和经济开发区进行，中国具有特别的优势。在工业园区开展循环经济，对提升资源利用效率产生了正面影响。中国正在发生的循环经济实践的规模和产生的影响都是前所未有的。

14．布鲁斯·胡德在《自然》上发表专家评论：引导再生产品使用的新潮流

2016 年 3 月，布鲁斯·胡德在《自然》上发表专家评论：引导再生产品使用新潮流②。文章指出：当今，人们已不再如以往一样珍视旧物，热衷于购买新产品。为了破除这种无节制的唯物主义，人类需要转变消费和生活方式，拥有更少的物品，使购买再生产品成为一种潮流。一个产品使用的再生原料越多，更应该广泛宣传其产品的品质和价值，并通过税收减免或其他市场杠杆鼓励再生产品生产。同样，食品需标明成分和添加剂，制造的产品需注明使用再生原料的比例。这可能开始引领消费观念的转变，从热衷于购买崭新的产品到乐于购买再生产品，构建发展可持续的循环经济的基础。

15．国际资源专家委员会发布《全球物料流和资源效率》

2016 年 7 月 21 日，联合国环境规划署国际资源专家委员会（International Resource Panel）发布《全球物料流和资源效率》报告，明确了全球环境问题的现状和紧迫性，并支持各国针对可持续发展目标的完成情况进行实时追踪③。报告表

---

① John A. Mathews and Hao Tan：Circular economy-Lessons from China. Nature. 2016. 531（7595）：440-442。

② Bruce Hood：Make recycled goods covetable，Nature，2016，531（7595）：438-440。

③ UNEP International Resource Panel：Global Material Flows and Resource Productivity，United Natons Environment Programme，2016。

明全球原材料开采量从 1970 年的 220 亿 t 上升到 2010 年的 700 亿 t，最富裕国家的平均消费量是最贫穷国家的 10 倍，是世界平均水平的 2 倍。随着包括中国在内的新兴经济体工业化和城镇化水平不断提高，全球资源使用量自 2000 年以来迅猛增长，世界对于铁、钢、水泥、能源和建筑材料的需求量也达到了前所未有的水平。如果世界继续以当前的方式提供住房、交通、食物、能源和水，到 2050 年，地球 90 亿人每年需要 1 800 亿 t 资源，极有可能导致土壤和水体的酸化及富营养化，加剧水土流失，造成更严重的浪费和污染。自 1990 年以来，全球的资源利用效率几乎没有改善，在 2000 年左右效率开始下降。当前全球经济相较 2000 年，单位 GDP 所需资源更多。因为制造中心已经从资源节约型经济体转移到不太节约的经济体。这导致了单位经济活动造成的环境压力加剧。

研究者提出“让经济增长同资源消耗脱钩是当前环境政策的大趋势，也有助于人类社会的繁荣和自然环境的维护”。脱钩将有助于各国实现可持续发展目标，但这需要各国政府出台深度的策略。研发领域的投资，以及更好的公共政策和融资，将保证经济的包容性和可持续性增长，创造就业。同时，这份报告提出了各种方法，确保在维持全球经济增长、促进人类发展的同时，减少原材料的使用。国际资源委员会指出提高资源利用效率，降低生产成本将有助于经济增长，建议为开采出的原材料标上价格，以反映出资源开采和使用时的社会和环境成本，减少资源的消耗。

16.《印度循环经济：长期繁荣发展的再审视》

2016 年 12 月，麦肯锡公司发布报告《印度循环经济：长期繁荣发展的再审视》（*Circular Economy in India：Rethinking growth for long-term prosperity*）。报告指出，在经历了过去的 20 年的可持续快速增长之后，印度当前正面临着快速城市化和工业化，以及随之而来的负外部性影响。然而，这种负外部性影响并非是不可避免的，印度可以采取前瞻性的措施来减缓负外部性。通过实施循环经济转型，印度可使企业和市民获得直接经济效益的同时减少负外部性影响。这份报告对印度经济和社会的三个重点领域的高层次经济分析，包括城市建设、食品与农业、交通与汽车制造业，预测发展循环经济将在 2050 年为印度带来 6 240 亿美元的年收入，这份收益相当于印度目前的 GDP 的 30%。实现这一收益需要印度在考虑本国国情的情况下，将循环经济的原则与数字与技术改造充分结合。

17.《向内部求增长》

2017 年 1 月，由 SYSTEMIQ 与麦肯锡公司共同编写的《向内部求增长》（*Achieving* “*Growth Within*”）报告在达沃斯论坛上发布，识别了到 2025 年之前 10 项欧洲循环经济创造和投资的优先领域。报告主要关注交通、食品和城市建设，这些领域占消费者总支出的 60%和资源使用量的 80%。

（1）交通领域将产生 1 350 亿欧元的市场，包括公共交通系统集成与共享车辆；设计和生产零排放汽车，应用可再使用的零部件；规模性汽车零部件再制造。

（2）食品领域将产生 700 亿欧元的市场，包括加强向生态农业的转化；从废物中回收营养物与能量的规模化；推广室内城市农作方法，扩大室内农场的规模；开发新的蛋白质来源。

（3）城市建设领域将产生 1 150 亿欧元的市场，包括设计和建设多种用途的模块化的节能建筑，使用无毒的耐用性材料；促进建筑材料的再使用；在城市设计和建设中应用循环经济的原则。

第三节 科学技术奖励

1．首个世界循环经济奖项

“全球循环经济奖”由世界经济论坛全球青年领袖小组与全球战略咨询公司埃森哲共同发起，是世界经济论坛的一项活动，是第一个世界级循环经济奖项，旨在表彰全球商业、公共部门和社会领域中为循环经济做出杰出贡献的个人和商业、社会组织[①]。在每年 1 月召开的达沃斯世界经济论坛上颁发。“全球循环经济奖”的评审委员会委员来自世界经济论坛全球青年领袖小组、商界代表以及社会各界的权威专家，媒体合作单位为美国全球财经有线电视卫星新闻台（CNBC）以及

① 参见 thecirculars 网站，2017-03-15[2017-03-15]，https：//thecirculars.org。

美国《财富》杂志。这一奖项由英国电信公司（BT）、艺康公司（Ecolab）[①]、联盟信托公司（Alliance Trust）和原 SABMiller 啤酒公司[②]等资助。在颁奖仪式上，获奖者将得到一座用再生玻璃制作的奖杯。

2015 年，首届“全球循环经济奖”设立了 5 类奖项，包括全球循环经济领导力财富奖、全球循环经济青年企业领袖奖、全球循环经济埃森哲先驱奖、全球循环经济数字变革者英国电信公司奖和全球循环经济 Ecolab 城市和地区奖。

2．首个获得全球循环经济奖的中国科学家

2016 年 1 月，同济大学可持续发展与管理研究所所长诸大建教授由于在循环经济生态设计模型方面转变了中国商业和政策领导者的观点，获得了全球循环经济领导力财富奖，成为第一个获得这项奖励的中国科学家[③]。

3．中国首个获得国家科学技术奖励的循环经济项目

2016 年，“城市循环经济发展共性技术开发与应用研究”项目获国家科技进步奖二等奖，成为获得国家科学技术奖励的首个循环经济项目[④]。该项目的主要完成人为李金惠、温宗国、金宜英、张进锋、林翎、吴静、聂永丰、张天柱、兰永辉、康俊峰，其中清华大学环境学院李金惠教授为第一负责人。项目主要完成单位包括：清华大学，江苏维尔利环保科技股份有限公司，中国标准化研究院，东江环保股份有限公司，苏州伟翔电子废弃物处理技术有限公司，中胶资源再生（苏州）有限公司及江苏仕德伟网络科技股份有限公司。该项目依托于陈吉宁教授牵头的“城市循环经济发展共性技术开发与应用”，于 2014 年荣获教育部科学技术进步奖一等奖。

该项目立足于当前国际绿色转型时期发展循环经济的重大战略，以城市物质代谢为理论，以物质流调控和量大面广的典型物质循环的共性和关键技术为手段，

---

① 参见 ecolab 网站，2017-03-15[2017-03-15]，http：//www.ecolab.com。

② 参见 ABInBev 网站，2017-03-15[2017-03-15]，http：//www.ab-inbev.com/our-story.html。

③ 参见 thecirculars 网站，2017-03-15[2017-03-15]，https：//thecirculars.org/content/resources/The_Circulars_Yearbook_2016_Final.pdf。

④ 参见北京市科学技术委员会网站，2017-03-15[2017-03-15]，http：//www.bjkw.gov.cn/art/2016/12/29/art_477_37584.html。

形成了“系统集成规划、智能分类回收、废物清洁再生、管理政策支撑”等为特征的城市循环经济共性技术发展模式。开发出区域物质代谢归一化核算及调控分析方法和再生资源分类与编码标准和单层综合决策模型算法，研发出典型“城市矿产”资源的机械物理多级拆解破碎技术及成套装备，高含水有机废物湿热水解及多组分资源化新技术及成套装备，难处理残余物协同处置利用制备建材关键技术。项目核心成果已应用于国际、国家和 8 个城市循环经济推动工作，是 41 项国家重大政策和标准的核心科技支撑。近 3 年，新增销售额 24.85 亿元，新增利润 2.79 亿元，环境、社会效益显著。

4．首个获得全球循环经济奖的中国协会

2017 年 1 月，中国循环经济协会荣获“全球循环经济政府、城市及地区奖”，成为首个获得这项荣誉的中国协会[①]。中国循环经济协会副会长兼秘书长赵凯受邀出席了这次颁奖大会。

中国循环经济协会于 2013 年成立，其所做的工作为中国循环经济的发展做出了较大的贡献。中国循环经济协会领导实施了许多政策研究、循环经济模式识别、地方循环经济发展规划等项目，其中包括国家层次的研究，如《循环经济促进法》的修订、国家绿色采购导则制定等；并成功举办了数次年度中国循环经济发展论坛。

5．首个获北京市科学技术奖的循环经济项目

2009 年，“大型养鸡场循环经济关键技术集成与产业化示范”获得北京市科学技术奖二等奖，成为首个获得北京市科学技术奖的循环经济项目[②]。该项目由北京德青源农业科技股份有限公司、中国农业大学、杭州能源环境工程有限公司、中国农业科学院农业资源与农业区划研究所共同实施。项目以建设特大型养殖场建设循环经济体系、解决污染难题、推动都市现代化农业发展、实现养殖业可持续发展为目标，集“养殖—食品加工—清洁能源—种植”于一体，实现整个生产

① 参见 thecirculars 网站，2017-03-15[2017-03-15]，https：//thecirculars.org/2017-finalists。

② 参见北京市科学技术奖励工作办公室网站，2017-03-15[2017-03-15]，http：//www.bjjlb.org.cn/jlgg/2009gg/2.htm。

过程中固态液态废弃物的“零排放”。项目主要包括：养殖场循环经济体系建设；循环产业链信息化管理；现代化的蛋品后鸡蛋处理[①]。

6．首届中国循环经济协会科学技术奖

中国循环经济协会科学技术奖是中国的一项循环经济领域的社会科技奖励。2014 年 7 月，中国循环经济协会评选了首届中国循环经济协会科学技术奖[②]。自 2009 年国家科学技术奖励工作办公室批准中国循环经济协会设立科学技术奖以来，共收到申报项目 138 项，项目涵盖领域包括钢铁、有色金属、煤炭、轻工纺织、电气工程、建材、电力、生物、再生资源等，总体技术水平处于国内领先地位，部分项目技术水平达到国际先进水平。

7．首届“中国循环经济专利奖”

2015 年 3 月，中国循环经济协会评选出首届“中国循环经济专利奖”，共评选出获奖项目 56 项，其中金奖 6 项，一等奖 23 项，二等奖 15 项，三等奖 12 项[③]。其中获得金奖的项目包括一种钢渣透水混凝土的制备方法、一种尾矿污水快速沉淀浓缩罐、以炼铁炼钢炉渣为吸收剂吸收烟气中二氧化硫的方法、一种建筑框架结构的中空组合墙体、余热锅炉、大型立环磁选机磁系结构。

---

① 参见农业户网站，2017-03-15[2017-03-15]，http：//www.nongyehu.com/chengguo/26243.html。

② 参见中国循环经济协会网站，2017-03-15[2017-03-15]，http：//www.chinacace.org/science/view？id=5。

③ 参见中国循环经济协会网站，2017-03-15[2017-03-15]，http：//www.chinacace.org/cace/zytz/view？id=90。